1日5分のトレーニングで"決められない病"から卒業する

飯塚 輝明

産業能率大学出版部

目次

第3章　セイケツ（整決）のやり方

第4章　セイケツ（整決）を応用する

はじめに

あなたは、自分やメンバーに対して、次のように感じたことはありませんか？

「どうしてさっさと決められないのだろう？」
「どうして決めたことが守れないのだろう？」

または、仕事の場面でなかなか**決める**ことができずに、こんな経験をしたことはないでしょうか。

「ビジネスチャンスを逃し、競合に負けてしまった」
「メンバーからの信頼を失ってしまった」
「キャリアアップの機会を無駄にしてしまった」

本書は「**決める**ことが苦手」、「優柔不断」な人が、サクサク決めて、サクサク実行して、チームから信頼され成果をもたらすリーダーになる方法を書いた本です。

そのために必要なのは、仕事の現場でできる1日たった5分のトレーニング。

忙しい仕事の中で取り組むことができる現実的な方法で、「決められない病」を克服していくまでのステップを丁寧に解説しています。

かく言う私自身は、「**決める**ことが苦手」、「優柔不断」なことが悪いこととは少しも思っていません。「**決める**のが苦手」だという人が併せ持つ「優しい」、「気配りができる」、「穏やか」、「責任感が強い」といった傾向は、チームメンバーの調和を生み出す大切な素質です。そういった人がチームにいてくれると、本当に助かります。

ただし、時と場合によっては、そうした傾向が裏目に出ることもあります。**決める**べきときに決められないことで時間を無駄にしてしまったり、チャンスを逃したり、信頼を失ったり、目標を達成できなかったり……といったことが起こります。

決められないことが良いとか悪いとかではなく、その両面があるだけです。

とはいえ、この本を手に取ったあなたは、「**決める**ことが苦手」、「優柔不断」をなんとかしたいと思っていることでしょう。私も**決める**ことが苦手だったので、気持ちはよくわかります。

本書のタイトルは『1日5分のトレーニングで〝決められない病〟から卒業する』です。〝決められない病〟と聞くと、まるで病気のように早急に手当てが必要なもののように思えるかもしれませんが、心配いりません。

〝決められない病〟は軽い症状です。正しい理解と適切な対処ができたならば、思ったよりも簡単に克服できます。それは1日5分のトレーニングで可能なことなのです。

最近、時代の変遷とともに「決め方」にも大きな変化が求められるようになりました。世の中のホワイト化（コンプライアンス尊重）が進んでいることで、集団の決め事に黙って従えという風潮から、個人の意思決定を求める風潮へ変化が始まっています。今までのような強引な決め方や独断などは、社会から受け入れられなくなってきています。

これは「**決める**ことが苦手」、「優柔不断」だと思っている人にとっては、追い風です。これからの時代に合った「決め方」が求められているのです。

それは、メンバーが納得して行動できる決め方。それができるのは「優しい」、「気配りができる」、「穏やか」、「責任感が強い」といった傾向を持つ「**決める**ことが苦手」、「優柔不断」な人こそ、むしろ最適なのです。


「**決める**」ことは技術です。決められる人は、**決める**ことに抵抗感がありません。サクサク決めて、サクサク実行して、成果を出します。そして、事例と経験値を蓄積して、さらに「**決める**技術」に磨きをかけていきます。

残念なことに、多くの日本人は「**決める**技術」を知りません。家でも学校でも社会でも、「**決める**技術」を教わることがないからです。**決める**ことが苦手な人が多くて当然です。自然に身につくものではありません。

逆に、うれしいことに、「**決める**」は技術なので、学習とトレーニングで誰でも使いこなすことが可能になります。この本で学習をして、仕事の現場で1日5分トレーニングをする。これであなたは「**決める**ことが苦手」から「サクサク決められる」人になります。

仕事では「**決める**」という場面を避けては通れません。リーダーが自分ならば、チームの好不調はあなた次第です。**決める**べき人が、**決める**べきことをちゃんと決めて、決めたとおりに実行できたら、チームの目標はもっとスムーズに達成できます。

逆に、**決める**べき人が、決められなかったり、決めたとおりに実行できなかったりしたら、そのチームは一丸となれずに、近く崩壊するかもしれません。

チームの成績は、リーダーであるあなたの「決め方」の善しあしにかかっているのです。だからこそ、決められないリーダーでいるよりも、決められるリーダーになった方が、あなたの仕事がより幸福になることは間違いありません。

それを実現するために、覚悟を**決める**とか、とにかく頑張るとか、そんな必要はありません。1日5分のトレーニングを無理しないで続けていけばよいだけです。

本書でお伝えする〝決められない病〟から卒業する方法は、今までの自己啓発的な解決策とはまったく違います。**決める**のが苦手なリーダーが仕事の中で実践できて、なおかつチームを円滑に運営できるようになり、チームの目標を達成するための、具体的で適切な方法です。

決めることができるようになると、仕事上のさまざまなことが変わります。コミュニケーションも楽になります。自ら課題解決することが楽しくなります。仕事を抱え込んで苦しくなることもなくなります。自分に自信が持てます。メンバーから信頼され、チームの雰囲気は明るくなります。

「**決める**技術」を身につけることの効果は絶大です。一度身につけたら、仕事ばかりか、人生も幸福を感じることが増えてきます。一人でも多くの働き手が、仕事で幸せを感じられる世の中になることが私の希望です。

本書をお読みいただいた後に、あなたのこれからが、霧が晴れたように明るく輝いていることを願っています。

第 1 章

仕事の不調・チームの不調の原因は？

1. 仕事の不調は「詰まり」が原因だった

あなたの仕事は順調ですか？

今、あなたの仕事はどのような状況ですか？

業務の流れに滞りがなく、
やりがいのある目的に向かって、
やる気とワクワク感を持ちながら、
身体も精神も健康でいる。

そんな環境で仕事ができていますか？
逆に、こんなことに悩まされてはいませんか？

ミスやトラブルが増えている。
上司や顧客からのクレームが増えている。
仕事へのやる気が低下してしまった。
業務への不満から、転職や退職を考えている。
ストレスが原因で、心身に悪影響をきたしている。

あなたの仕事が順調であれば、何の心配もいりません。しかし、不調ならば要注意。この状況を放置すると、不安やあせりや失望といったネガティブな要因をつくり出し、あなたの活力を奪ってしまうことになります。

仕事の不調の原因は「詰まり」

誰にでも、仕事が順調なときもあれば、不調なときもあります。「仕事が順調」ということは、大きな困難があったとしても、前進できているということです。

逆に、そうでない場合、例えば「仕事が思うように進まず停滞している」と感じるならば、あなたの仕事やチームは不調といえるかもしれません。

仕事の不調とは、成果が出ない状況です。具体的には、継続できない、計画どおりに進まない、組織が機能しないなどが挙げられます。こうした状況は、チームの雰囲気が悪くなる、身体を壊す、人が辞めるなどの問題を引き起こします。

それはなぜでしょうか。「業務の流れが妨げられている」というのは、言い換えると「何かが詰まっていて、動きが悪い状態」です。つまり、不調の原因は、この**詰まり**にあるのです。

一度**詰まり**が生じると、無理をしても、我慢しても、頑張っても、仕事やチームの不調はなかなか改善しません。

あなたが経営者や上司の立場にあるならば、仕事やチームの不調を解消できるかどうかは、あなたやメンバーの未来を大きく左右する大事なポイントです。

あなたやメンバーの未来がポジティブになることを望むならば、不調の原因を正しく理解しなければなりません。不調の原因を突き止めて、解消する方法を理解する必要があるのです。

「**詰まり**」とは？

ところで、先ほどから登場している**詰まり**とは、何でしょう。**詰まり**は、何かが通常の流れや進行を妨げている状態のことをいいます。

例えば、脳や心臓で血液の流れが止まると、脳梗塞や心筋梗塞になり、最悪、死に至ります。ここにおける**詰まり**は、血栓や血管内の塊。それらが血管をふさぎ、血液の流れを止めます。しかし、**詰まり**の原因である血栓を取り除き、血流を確保できると、症状は改善されます。

仕事の不調の場合も同様です。例えば、誰かが仕事を抱え込み、そこで業務の流れが止まっているとしましょう。流れが止まっているこの状態が、仕事の**詰まり**であり、**詰まり**を引き起こしている原因が「誰かが仕事を抱え込んでいること」です。

したがって、「誰かが仕事を抱え込んでいること」を解決すれば、スムーズに仕事は流れていきます。

仕事の**詰まり**の原因は無数に存在します。ひょっとしたら、上司のあなたが原因になっていることもありえるでしょう。

ともかく、仕事の**詰まり**を解消するためには、原因を特定し、それを解決することが重要で、これにより、仕事の流れは再びスムーズになり、不調が改善されるのです。

2．著者が「詰まり」を語る理由

何もかも詰まった状況からスタート

本論に入る前に、私が仕事の**詰まり**について、その原因と解消方法をお伝えしたいと本書を書くに至った道のりを紹介させてください。

私は、大学を卒業後、実家の稼業である中小企業に、2代目を期待されて入社しました。当時、社員が70名ほどの地方の商事会社です。経営者のほか、取締役全員が親族という同族企業で、中小企業にありがちな創業者のワンマン経営でした。

志があって入社したわけではない私にも原因があるのですが、そこは、期待していたものとはまったく違う環境でした。業務の流れも、風通しも悪い。仕事も詰まるし、息も詰まる。何もかもが**詰まり**気味な環境だったのです。

そんな気持ちとは裏腹に、私が持つそこそこの学歴と、「身内だから」という理由で、役職がどんどん上がっていきます。

厄介だったのは、私は父や叔父たちと折り合いが悪く、ほかの社員たちとも壁があるという孤立した境遇にあったことでした。仕事は懸命にするものの、現状への不満や将来への不安で押しつぶされる日々を送っていたのです。

5S環境整備活動

今の仕事につながるきっかけとなったのは、入社10年目に起きた出来事でした。

毎年、年度が新しくなるたびに、社長は「今年こそは会社をキレイにする」と、方針を口にしていました。しかし、有言不実行とはこのことをいうのでしょう。口先ばかりで、何の具体的な行動も変化も起きないまま、10年が過ぎていました。

当時の私は常務の職にありました。社長の「今年こそ……」という方針を聞き、意を決して「その役割を私にやらせてください」と手を挙げ、社内の5S環境整備活動を始めることにしたのです。

5S環境整備活動とは、「整理・整頓・清掃・清潔・しつけ」の5要素の頭文字Sをとったもので、徹底して安全で快適で効率的な職場をつくる活動です（**図1-1**）。

5S（整理・整頓・清掃・清潔・しつけ）は、企業にとって当たり前のことで、簡単な取り組みに思われがちです。しかし、実際には「言うは易し、行うは難し」。難易度がむちゃくちゃ高い活動です。

活動の導入と継続ができると、結果として従業員の意識が向上して組織全体の活性化になるという、大きなメリットがあります。反面、導入継続に挫折する企業が多く、5Sを嫌いになってしまうというデメリットもある活動です。

私は幸運なことに、先輩経営者の方から直接5

整理	不要なものを捨てること
整頓	決められた場所に使いやすく並べ、表示をすること
清掃	きれいに掃除をし、併せて点検すること
清潔	清潔で使いやすい状態を維持すること
しつけ	決められたルールを実行できるように習慣づけること

図1-1　5S環境整備活動

S環境整備活動について教えていただく機会を得ました。そのうえ、5S環境整備活動に成功した企業をいくつも見学させていただくこともできました。

5S環境整備活動に成功した企業に共通した、穏やかな雰囲気ながら規律が守られて活性化している組織の在り方に驚き、そんな組織風土の会社に憧れました。いつもピリピリしているのに、規律はゆるゆるの自社の風土と真逆だったからです。

以来、自分の立場で、どうしたら5S環境整備活動を導入し、成功させることができるのかをずっと構想していました。そうして2年がたち、ようやく実行するチャンスが巡ってきたのです。

5S環境整備活動を進めた結果

活動は、社内に委員会をつくり、委員会が中心になって運営する形で導入しました。委員の人選は、私の話に賛成ではないが、反対はしない若手から指名しました。5S環境整備活動に積極的に賛成する社員は1人もいなかったので、反対をしないだけでもありがたかったからです。

最初の会合では、私が何のために5S環境整備活動を成功させたいのか、見てきた成功企業で何を感じたか、それがメンバーの人生にどういう変化をもたらしたのか、などを委員会メンバーに聞いてもらいました。

「そのくらいなら、できるだろう」という、無理のない活動のスケジュール案を示したことも、メンバーのモチベーションになったのでしょう。こうして念願の5S環境整備活動をスタートさせたのです。

活動は日々の10分の活動と、週1回、1時間の活動で進めました。リーダーの私の役割は、時間が守られるようにケアすることと、成果の良しあしにこだわらず、進捗があったら喜ぶことでした。

結果、社内の5S環境整備活動はうまくいきました。もちろん、さまざまな苦労もありましたが、1年ほどで会社は見違えるほどキレイになり、2年目には、活動のテーマは業務改善になっていました。取引先からも好評をいただき、社内のほかのメンバーも、活動の意義を感じてくれる人が増えてきました。

私にとって1番の驚きであり、喜びになったのが、ほかの社員たちとの壁が低くなり、風通しが良くなったという変化でした。社員たちとの壁は、当時の私の大きな悩みでしたが、頻繁なやりとりが功を奏したのでしょう。2年間の5S環境整備活動を通じて、将来へ期待が持てるように変化したのです。以来、私の仕事へのワクワクは止まらなくなりました。

しかし、良いことばかりではありませんでした。当時は私もまだ若く、変化することが絶対の善だと信じて突き進んだことが裏目に出たのでしょう。親族との折り合いがさらに悪くなり、その後、2代目を目指していたその会社を辞めることになったのです。社内と社員の変化に舞い上がり、もう一方の経営陣の感情は見えていなかったのです。

このように大失敗もしましたが、変化を起こす際の抵抗と成果を味わい、その一連の流れを実際に経験したことが、今の仕事で大いに活きています。

今、仕事の**詰まり**にこだわり、それを解消することに喜びを感じながら仕事ができているのは、当時の大失敗のおかげなのかもしれません。

3.「詰まり」の根本原因は「過剰」

能力以上の負荷をかけていないか

ここまで述べてきたとおり、あなたの仕事を不調にさせるのは**詰まり**です。ところで、この**詰まり**が発生するメカニズムは、いたってシンプルです。能力以上の負荷をかけると流れが停滞し、それが**詰まり**の根本原因となるのです。

能力以上の負荷をかけるのは、「過剰」ということです。例えば、あなたやあなたのチームが処理できる量を超えた過剰な仕事を抱え込むと、仕事は簡単に**詰まり**ます。

個々の能力は高いとされる日本人ですが、海外に比べ生産性が低いといわれていま す。その理由は、処理能力を超えた過剰な量を求められ、それを受け入れてしまう日本人の傾向にあるのではないでしょうか。これは、私が現場で感じていることです。

仕事が詰まるメカニズム

詰まりは以下のメカニズムで発生しています。

① 立てた計画を実行できない
② その間に新たな仕事が発生する
③ 処理不可能な仕事量になり、動きが停滞する
④ さらに仕事が発生する

立てた計画を実行できない段階で、あなたはすでに「過剰」を受け入れた可能性があります。新たな仕事が発生して、処理不可能な仕事量になる事態に陥ったとしたら、起こりうる未来に対処していなかったということです。

あなたや、あなたのチームはいかがでしょう？　未来の準備に時間が使えていますか？

目の前の仕事をこなすしかできない状態ならば、すでに仕事が詰まっていて、機能

不全を発症している可能性があります。
あなたやメンバーのためにも、早急に対処をする必要があります。

「詰まり」の解消には、根本から原因を取り除くしかない

詰まりを解消するには、**詰まり**を発生させる原因を個別に解決するしかありません。

発生原因を個別に解決するには、根本解決が求められます。対症療法でその場をしのぐことはできるかもしれませんが、新たに、さらなる**詰まり**を発生させる結果になるだけです。このループから抜け出すことが根本的な問題解決、**詰まり**の解消です。

例えば、誰かが仕事を抱え込み、そこで流れが止まっているとします。「当該社員に注意する」、「抱え込んでいた仕事をほかの社員に振り分ける」……これが対症療法です。しかし、これだと一時的には流れが戻るかもしれませんが、根本的な問題解決には至りません。社員がまた仕事を抱え込んだり、振り分けられた社員の負担と不満が膨らんだり、事態がさらに悪化する可能性が考えられます。

これに対して、根本解決する流れは**図1-2**のようになります。

この流れを経ることによって、再発防止とほかの社員の負担増による悪化の可能性が解決します。

　根本解決は手間がかかります。しかし、再発可能性がなくなることで仕事の**詰まり**は解消され、あなたやあなたのチームが不調から順調に変化できるのです。

原因は複数あってそれぞれに解決策がある

詰まりを発生させる原因は1つとは限りません。多くの場合、原因は複数あり、それが重なり合って**詰まり**を引き起こしています。
　血管の**詰まり**がいい例です。「血液がドロドロ」、「血管がもろく、血栓ができやすい」、「脂肪で血管が細くなっている」といった複数の原因が重な

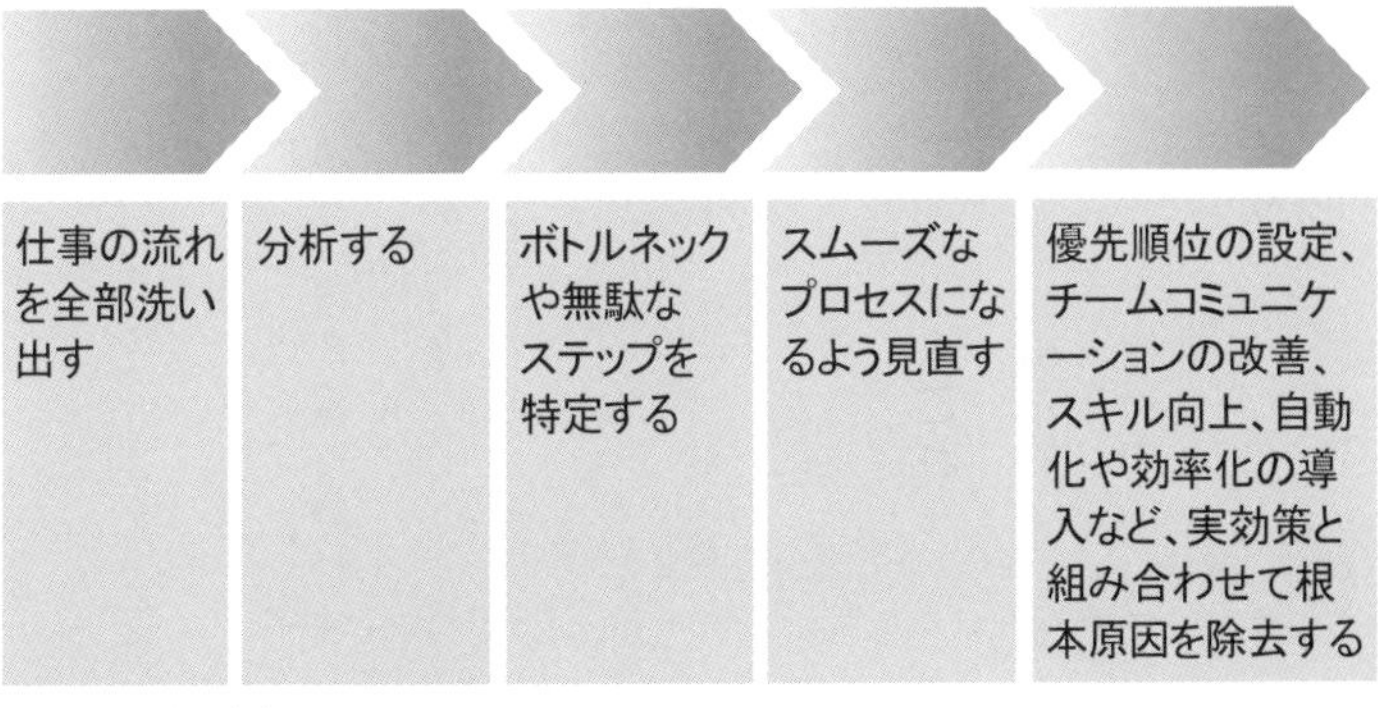
仕事の流れを全部洗い出す
分析する
ボトルネックや無駄なステップを特定する
スムーズなプロセスになるよう見直す
優先順位の設定、チームコミュニケーションの改善、スキル向上、自動化や効率化の導入など、実効策と組み合わせて根本原因を除去する

図1-2　根本解決の手順

り、**詰まり**を引き起こします。

仕事の**詰まり**も同じで、「コミュニケーションが機能不全」、「能力と役割のミスマッチ」、「会議の機能不全」など、複数の原因が絡み合って引き起こされています。

しかし、各原因にはそれぞれ次の3つの解決方法があり、それらを組み合わせて使うことで、原因を根本から解決できるようになるのです。

- **詰まり**の原因物質を特定し除去する
- 適切な負荷量にする
- 可能な処理量を増やす

4.「詰まり」の解決を邪魔するものは

解決策がわかっても実行できないのはなぜか

仕事の**詰まり**を解消するための施策は、次に挙げるようにたくさんあり、それぞれ効果も確かな方法です。

- ＰＤＣＡサイクル
- 業務プロセス改善
- ＤＸ導入
- 業務の自動化
- 人材育成
- 組織開発
- コミュニケーション改善

- ワークフロー導入
- 業務の外部委託
- データ分析　　など

しかし、こうした施策をいざ実行に移しても、うまく機能しないケースがほとんどです。それぞれの施策をプロジェクト化して取り組む例はよく見聞きしますが、プロジェクトをやり切って成功した話は、なかなか聞けません。ＰＤＣＡサイクルですら、実際に回っているのを目にすることはほとんどありません。

また、仕事の**詰まり**の原因を解決する個別の解決策はわかったとしても、その解決策を実行するのが難しい場合もあります。こうした体験をされている経営者や上司の方も多いのではないでしょうか。

例えば、５Ｓ活動。その目的は、生産性と安全性を高めて利益を向上させることです。そのために社内の整理整頓を徹底して、働きやすい環境を整えます。

成功事例も豊富で、施策としては確実な方法なのですが、やり続けられない企業が多いのが実情です。それは、なぜでしょうか？

「決めるのが苦手」という残念な事実

やると決めたはずの事柄が、最後までやり遂げられずに途中で終わってしまう……。実は、よく目にする光景です。

先述したとおり、不調に陥る原因は**詰まり**にあります。仕事が詰まってしまう根本原因は、決めたはずのことができていないからです。

「決めたはずのことが、計画どおりに進まない」
「指示したことがなされていない」
「ルールが守られていない」
「マニュアルをつくっても、マニュアルどおりに作業されていない」

こうした悩みを、本当によく耳にします。

これはつまり、「決めた」と思っていたことは、多くの場合、「決めたふう」でしかないということです。残念な事実ですが、私たちは**決める**ことがとても苦手のようです。

では、私たちは、この「決めたふう」から永遠に抜け出せないのでしょうか。決めたことが、100%、正しくやり遂げられないのでしょうか。

安心してください。決してそんなことはありません。

次章からお伝えする方法を心がければ、あなたも、あなたのチームも「決めたふう」から「**決める**」へと変化を遂げることができるでしょう。そして、不調を順調に転じることができると、断言しましょう。

第2章

セイケツ（整決）が詰まりを解消する

1. なぜ決められないのか？

「決める」を間違って受け止めていないか

あなたの職場でも、次のように決めたことはありませんか？　そして、それは実行されましたか？

「残業は月に○時間以内に減らす」
「会議は○分以内で終わらせる」
「今年度の売り上げ目標は○○円」

決めたことの多くは、決めたとおりに実現しません。なぜでしょうか？
例えば、「今月の売り上げ目標の達成状況」を議題にミーティングをするとしましょう。そこでやることは、担当者を決めて割り振ったり、個々の目標額を決めたりすることではありませんか。

今度は、「新商品の企画」を議題に会議をするとしましょう。そこでも、担当者を決めて割り振ったり、個々の目標を決めたりしていませんか？

何か議題を設定して会議を開いても、やることは同じ。どうして、そうなってしまうのでしょうか？

それは、私たちが「**決める**」という行動を間違って受け止めているからです。私たちは、「**決める**」を、単なる目標やタスクの割り振りとして認識してしまっています。さらには、「**決める**」に対して、結果に対して責任を負う、または結果責任を負わせる、という間違った思い込みもあります。

そのせいで、「責任を負いたくない」、「失敗や批判を避けたい」という気持ちが強くなり、互いに責任をなすりつけ合ったり、「**決める**」ことを避けようとしたりするのです。

つまり、「**決める**」を誤って認識していることが、私たちが「**決める**」がうまくできない原因なのです。

本来の「**決める**」とは？

これに対し、本来の「**決める**」は、単に目標や責任の分担を**決める**ことだけではありません。行動を起こし、目標達成するまでの段取りを整えることをいいます。そして「決まった状態」とは、決めた段取りの運用をすぐに始めて、目標達成に向けて行動を開始する状態のことをいうのです。

決まった瞬間は、目標達成までの視界が開けて、目標の達成が現実的に感じられ、ちょっとワクワクしているのではないでしょうか。だから、本来の「**決める**」は、決めた瞬間にパッと気持ちが前向きになるものなのです。

どんなに我慢しても、嫌なものは心が拒絶しますし、逆に必要なことなら、心は違和感なく受け入れます。決めた瞬間にパッと気持ちが前向きになる本来の「**決める**」ができると、決めたことは必ずそのとおりに実現します。

あなたやあなたのチームではいかがでしょうか？「**決める**」ができていないと気づけたなら、それが仕事の**詰まり**を解消する第一歩となるのです。

2. 過剰な負担を受け入れる悪癖

「無理やり」は害だと心得る

上司「やるの、やらないの？ どっち？」
部下「……やります」

上司は、できないことを強引にやらせようとする。部下は圧に負けて、できないことを「やります」と受けてしまう。会議でよく見かける光景です。

でも、その結果は、営業目標は未達に終わったり、良い企画が出なかったり……。

結局、できないものはできないのです。

部下の気合と根性が足りなかったことが原因ではありません。そもそも**決める**方法が間違っているのです。目標と責任を無理やり飲ませただけで、目標達成につながる段取りを一切決めずに放置したことが原因なのです。

目標を達成しようとする過程において、上司部下間のこのようなやりとりは、もはや害でしかありません。あなたが上司でも部下でも、こうしたやりとりは悪癖だと自覚してください。本当の「**決める**」とは、決めたことが実現する段取りを整えることなのですから。

「過剰」を受け入れてしまう理由

部下「現在の進捗状況だと、期限までに目標達成率は80%くらいの予想です」
上司「そうか。じゃあ、もっと頑張れば目標額100%を達成するな。頑張れ！」

上司と部下のこの会話、どこかに違和感はありますか？ なんとも思わないのであれば、もしかしたら、あなたは悪癖が身についてしまっているのかもしれません。

この会話の続きを考えてみてください。上司から「頑張れ！」と言われた部下は、どのように返事するでしょう？

おそらく、目標達成は難しいと思いながらも、「はい」、「わかりました」、「頑張ります」などと答えてしまうのではないでしょうか。私が部下の立場なら、「この上司に何かを相談しても無駄だな」と考えます。

職場でこうした会話が成立してしまっているケースは〝あるある〟です。だって、上司から「頑張ればできる」と言われたら、反論しづらいですよね。「頑張ればできる」なんて、ただの思い込みでしかありません。でも、「できない」とは言いづらい。できないのは頑張ってないから、努力が足りないから、と思われるのも、人間性を否定されたかのような重苦しさがあります。

頑張ること、努力することは美しくて尊く、大切なことです。その点については、皆さんも同意されると思います。

しかし、残念ながら、この思い込みによって、私たちが「過剰」を無抵抗に受け入れてしまうのも事実です。

成果につながるのは努力ではなく「適切な行動」

改めて、あなたにお尋ねします。頑張ること、努力することは、何よりも大切だと思いますか？

だとしたら、「もっと頑張る」や「もっと努力する」は、より美しく、より尊いということになります。でも、どこまで頑張れますか？　あるいは、どこまで努力できるでしょうか。

そう。頑張ること、努力することには、限度があるのです。

- 塩は体に絶対不可欠なミネラルだけれど、過剰に摂取すると病気になる
- 運動は健康に不可欠だけれど、過剰な運動はケガの原因になる
- お酒は「百薬の長」といわれるが、飲みすぎると、体を壊す

令和の現代、こうしたことは誰でも知っており、節制もできるようになってきました。しかし、頑張ること、努力することはどうでしょうか？　いまだに〝もっと〟が

通用していませんか。

前項で取り上げた上司と部下のやりとり。ちょっと、次のように変えてみましょう。

部下「現在の進捗状況だと、期限までに目標達成率は80%くらいの予想です」
上司「そうか。じゃあ、今のやり方を見直して、目標額100%を達成できる方法はないか、考えてみよう。相談に乗るよ。チャレンジしてみないか?」

いかがでしょう。目標達成の可能性が見えてきませんか? 必ず目標が達成できるかどうかはわかりません。でも、少なくとも達成率80%のままで着地することはないように思えます。

成果につながるのは努力ではなく、「適切な行動」なのです。適切な行動とは、目標達成条件を満たすための「適切な方法」で「適切な質」で「適切な量」の行動です。こんなこと、私に言われなくてもわかっていますよね。でも、職場でまともに話し合えないと、黙って「過剰」を受け入れるしかありません。その現実が、仕事の**詰ま**

りを発生させているのです。

決めたことを実現させるための段取りを整える際は、すべての要素において「過剰」をなくし、事柄がスムーズに流れるように整える——そうやって「**決める**」ができるようになると、仕事の**詰まり**は解消します。

もし、あなたがチームのマネジメントに悩む上司であるならば、ここがお悩み解決のポイントかもしれません。

3. セイケツ（整決）とは

「あなたは決められますか？」


誰かから「あなたは決められますか？」と問われたとき、すぐに答えられますか。それとも「何を質問されているのか、よくわからない」と感じますか？

「あなたは決められますか？」という質問に、すぐに答えられないならば、あなたは「**決める**」とはどんな行動なのかを整理できていないのかもしれません。

私はどの企業に対しても、コンサルのときに必ず同じことを聞くようにしています。具体的には、「この組織では、どうしたら〝決まったこと〟になるのですか？」と尋ねるのです。

私の仕事の場合、支援先でメンバーにお願いしたことや約束したことが、本当に実行されたり実現したりしなければ、仕事にならず困ってしまいます。だから、あらかじめ、確認の目的で、こうした質問をするわけです。

予想どおりかもしれませんが、多くの場合、相手から返ってくる答えは「……」です。何を質問されているのかよくわからないのか、答えようがないのか、いずれにしても明確な答えが返ってくることはほとんどありません。

この時点で、その組織は「**決める**」がうまくいっていないとわかります。会議や合意形成が機能不全だと、ほぼ予想できます。

あなたの仕事ではいかがでしょうか。もしも、あなたのチームが不調で、なおかつ、「あなたは決められますか？」という質問に答えられなければ、不調の理由はここにあるのかもしれません。チームで「**決める**」がうまくいかないと、それが原因となって物事が思ったように進まず、仕事が詰まってしまう可能性が高いのです。

診断名【決められない病】

健康状態に不調を感じているとき、悩みが解決するまでの流れをシミュレートしてみましょう。

①受診する

医療機関を受診し、不調の症状を診てもらいます。

②診断を受ける

診察の結果、医師から「高血圧症」が原因で不調を引き起こしていると診断されます。「高血圧症」を放置すると、心臓病、脳卒中、腎臓障害などの深刻な症状を引き起こす可能性があるため、早期の対策が重要だと、注意を受けます。

③改善策を知る

「高血圧症」を引き起こした原因は、今までの不健康な食事、運動不足、喫煙、過度の飲酒などの生活習慣と、長期にわたるストレス、体重過多などにあると指摘されます。そして、健康的な食事、適度な運動、十分な睡眠などによって、改善が見込めると聞きます。

④改善策を実行する

医師の指示に従い、生活習慣の改善策を実行します。すぐに劇的な改善はありませんが、継続するうちに、少しずつ検査の数値に変化が見えてきます。1年、2年と経過すると、気づけばすっかり不調は改善されており、健康的に生活が送れるようになっています。

あなたの仕事の不調も、解決までの流れはこれと同じです。

①受診する

医師の問診に該当するのが、先の「この組織では、どうしたら〝決まったこと〟になるのですか?」です。

②診断を受ける

質問に明確に答えられない場合、あなたの仕事に不調を引き起こしている原因の見当がつきます。診断名は、【決められない病】です。

【決められない病】は、組織のいたるところで、情報、業務、行動、人、物、信頼の流れを停滞させ、仕事を詰まらせます。自覚症状に乏しく、気づかないうちに症状が深く進行している場合があります。

③改善策を知る

【決められない病】には、今まで「決めたことの多くが、決めたとおりに実現しない」という症状を放置してきた組織風土や業務習慣が根底にあります。改善のための対策は、決めたことが決めたとおりに実現するように「決め方を整える」ことです。

④改善策を実行する

「決め方を整える」と、決めたことが決めたとおりに実現するようになります。継続するうちに、少しずつ組織の中で情報、業務、行動、人、物、信頼が適切に流れ始めて、仕事の**詰まり**が解消していきます。1年、2年と経過すると、気がつけば悩んでいたはずの仕事の不調はすっかり解決されています。

以上のように、これが仕事の不調が解決されていく流れです。

「決める」を整えることが「セイケツ（整決）」

もし、あなたの仕事が思うように進まず詰まっているならば、「**決める**」を整えることから始める必要があります。特に、あなたが初めて上司になったり、新しいプロジェクトのリーダーを任されたり、経営者として改革を始めるタイミングにあるならば、「**決める**」を整えることから手をつけないと、後になって困ることでしょう。

私は「**決める**」を整える行動を、**セイケツ**（**整決**）という言葉にしました。

それは、今まであまり意識されてこなかった「**決める**」を整えることの重要さを、多くの人に認識してもらうためです。

整理・整頓が大切だということは、当たり前のように認知されています。それと同様に、**セイケツ**（**整決**）の重要性も広まってほしいと思っています。そうすれば、日本の職場環境も、多くの働き手にとってより働きやすくなるでしょう。

何よりも、あなたの職場環境が、あなたやメンバーにとって働きやすい環境になることを願ってやみません。そのために、あなたの職場でもこれからお伝えする**セイケツ**（**整決**）に取り組んでいただけるとうれしいです。

4.「決断」と「決める」

「決断」と「決める」はまったく違う行動

「決める」と似た言葉に、「決断」があります。「決める」と「決断」の違いは何でしょうか？　ちょっと考えてみてください。

似ている2つの言葉ですが、実はまったく別の行動です。「決意の強さが違う」などではなく、意味が違うのです。

私たちが「決める」という言葉から連想するのは、むしろ「決断」のイメージかもしれません。そういった方のために、まずは「決断」について解説していきましょう。

「決断」とは自分の精神力で「やる」と決めること

「決断」は、主観的で感情的な行動です。「できる・できない」について、データに基づく可能性などはあまり意味を持ちません。たとえ失敗の確率や危険度が高くても、自分の精神力で「やる」と決める——これが「決断」です。昭和の決め方は、基本的に「決断」です。

失敗の確率が高くてもやることと、リスクをとることは違います。リスクをとるというのは、目標値に対して上振れ・下振れを考慮して対策することです。一方、失敗の確率が高くてもやるのは、むしろ「一か八かに賭ける。出たとこ勝負」という意味合いです。

ただ、失敗の確率が高いことをやるのは、普通の人は怖いもの。簡単には決められませんよね。だから「負けそうになっても後には引けないように、自ら退路を断つ」という背水の陣の覚悟が求められます。そうやってするのが「決断」です。

では、なぜ私たちは失敗の確率や危険度が高くても、自分の精神力で「やる」と決断できるのでしょうか？　もしくは、相手に決断を迫れるのでしょうか？

それは、私たちが努力でなんでも乗り越えられると思い込んでいるからです。この思い込みのせいで、私たちは、どんなに失敗の確率や危険度が高いことでも、努力すれば必ず超えられるはずと考えてしまいます。だから自分の精神力で「やる」と決断できるのです。

さらに、私たちは努力で乗り越えることが、何よりも美しくて尊いことだと思い込んでいるふしがあります。その様子は、まるで、努力を神としてあがめる宗教に見えるほど……と言ったら言いすぎでしょうか。

「決める」と「決断」は失敗に対する認識が異なる

努力すればなんでも必ず超えられる――「決断」の根底にはこうした考え方があるため、例えば「目標必達を約束させる」などの傾向があります。そして、もし目標が達成できなければ、すべてが失敗として扱われてしまいます。

失敗とは、約束を果たせなかったと同じ意味です。そして、約束を果たせなかったのは、失敗をした人が努力を怠ったからだと見なされます。それが事実ではなくても、です。

「**決める**」と「決断」では、失敗に対しての認識が大きく異なります。

「決断」における失敗は負けであり、恥ずかしいこと、ありえないことです。そのため、「何がなんでも」、「死んでも」、「すべてを犠牲にしても」といった枕詞を付けて、必ずやり切ることに執着します。

相手から「覚悟を決めろ」と言われたとしましょう。「決断」の覚悟とは、「この勝負に負けた時は切腹します！」くらいの重みがあります。仕事でいうならば、「このプロジェクトに失敗したら、責任を取って会社を辞めます」という感じでしょうか。それほど、「決断」における失敗は避けるべきものです。

「決断」をすれば必ず目標達成できるならば、まだ納得もできます。しかし、現実的には「決断はしたけれど、目標達成できることもあれば、未達の場合もある」というのが実情ではないでしょうか。

その程度のことに「何がなんでも」や「すべてを犠牲にしても」まで求めるのは、さすがに「過剰」ですよね。「過剰」は**詰まり**の原因です。

合意形成の方法として、「決断」がすべての場面で悪いわけではありません。しかし、合意形成の場面で選択肢が「決断」しかないのだとしたら、あなたのチームは必ず行き詰まってしまうでしょう。

合意形成の方法は「決断」以外にもあります。それが、「**決める**」という方法です。

「決める」とは「できる」可能性の高い行動

「**決める**」は、現実的で物理的な行動です。事実を示すデータに基づき、目的を達成するための行動を設定することです。目標達成の確率を高めるために、「できる」可能性の高い行動を積み重ねることに意味があります。

精神力ではなく、合理的な判断で「やる」と決める――これが「**決める**」です。

例えば、あなたがあるプロジェクトのリーダーを任されたとします。プロジェクト発足前に、上司から「目標達成は絶対です。約束してください」と申し渡されました。

この場面での返事は「はい、わかりました」の一択でしょう。それしか答えようがありません。しかし、内心はどうでしょう？　やってみなければわからない――これが本心ではないでしょうか。

結果はやってみなければわからないのに「絶対達成します」なんて言うのは、嘘《うそ》をつくようなものですよね。多くの場面で、約束させる上司も、それを受け入れる私たちも、そんな嘘を出発点にして仕事をしているのです。
あなたのチームでは、そんな嘘が前提の仕事のやり方が常態化していませんか？

「決める」とは約束しても大丈夫なこと

前述したように、「**決める**」は事実に即したデータに基づき、目的を達成するための行動を設定することをいいます。「やる」と決められるのは、そこに嘘がないからです。安心して一歩を踏み出すには、まずは事実を事実として受け止めることから始めてみる必要があります。

前述した上司との会話の例でいうと、事実は「プロジェクトの成否は、やってみなければわかりません」です。だとしたら「目標必達は約束できない」と、おわかりいただけますよね。

それならば、いったい何を「**決める**」ことができるのでしょう？
あなたが「**決める**」ことができるのは、あなたが約束をしても大丈夫だと思える範囲のことだけです。自分に対して嘘をつかずに「やる」と自信を持って言えることを、

「やる」と「**決める**」だけでいいのです。そこに「決断」は必要ありません。

「結果を約束する」と「行動を約束する」は、ここが違う

組織内で行う合意形成には2つの形があります。それは、「結果を約束する」と「行動を約束する」です。じゃんけん勝負を例に、「結果を約束する」と「行動を約束する」の違いを解説しましょう。

じゃんけん勝負の「結果を約束する」

「じゃんけん勝負に絶対に勝つ（負ける）」と、約束すること。

じゃんけん勝負の「行動を約束する」

「じゃんけん勝負に参加する」と、約束すること。勝負の結果（勝つか負けるか）は、約束に含まれない。

違いがおわかりいただけましたか。じゃんけん勝負の場合、結果を約束しても50％の確率でしか、その約束を守ることができません。相手があることだし、運もあります。

しかし、行動を約束するならば、じゃんけん勝負に参加さえすれば１００％の確率で約束は守れます。あなたが嘘つきになることもありません。

あなたが「**決める**」ことができるのは、あなたが約束できる範囲のことだと理解いただけたでしょうか。これが「**決める**」ことなのです。

【決められない病】を発症していないか

もしあなたが、この「**決める**」の解説に納得できないと感じるならば、そこには「そんな甘い覚悟で決めて、目標達成できるのか？」という疑問があるからかもしれません。

あなたの疑問は当然だと思います。しかし、事実は逆です。覚悟して「決断」しているからこそ、いつまでたっても目標が達成できる組織にはなれないのです。

覚悟して決断していたはずのあなたのチームでは、今までプロジェクトの成功率や目標の達成率はいかがでしたか？　成功率や達成率が50％を超えていたら、素晴らしいと思います。

今まで、「50％の成功率しかないこと」を「100％できること」にいわば粉飾して約束していたのだから、それが当然の結果なのです。

もしも、これまでに目標未達が多かったとしたら「最初から50％の確率で決め事が破綻するように決めている」というのが、あなたのチームの事実です。完全に【決められない病】を発症しているといっていいでしょう。この事実に気づかないと永遠に今までと同じことを繰り返します。

あなたは100％できる行動を「やる」と**決める**だけ――なんて、甘いと思えるかもしれません。しかし、100％できる行動を積み重ねることが大事なのです。

できることを積み重ねると、「**決める**」ことができるようになります。そして「**決める**」ことができるようになると、目標達成の確率は格段に上がるのです。

100%できる行動を積み重ねる「決め方」

再びじゃんけん勝負を例にして解説しましょう。

じゃんけん勝負で、「勝つ」をゴールに据えるとします。100%「できる」行動を積み重ねるように「**決める**」と、どうなるでしょう。行動をリストアップすると、次のようになります。

①じゃんけん勝負に参加すると**決める**
②相手の情報を調べる
③相手に事前交渉のアポイントをとるための連絡をする
④相手にこの勝負に負けてもらうことを交渉する
⑤相手の求める条件を聴取する
⑥こちらのできる対応を調整する
⑦条件を相手と協議する
⑧相手のイエスがもらえたら契約をする

⑨じゃんけん勝負時の具体的な段取りを整える
⑩じゃんけん勝負をする
⑪じゃんけん勝負が終わったら契約内容を実行する

これらの行動を順に実行したら、じゃんけん勝負で相手に勝つ確率は格段に上がると思いませんか？

相手があることなので、100％の成功率は約束できません。でも、少なくとも、勢いだけでじゃんけん勝負に臨み、50％の確率で勝ち負けが決まるときよりも、勝てる見込みが高くなると感じられませんか？

仮に、相手にもどうしても負けたくない事情があったら、こちらが負けることを条件に、別の交渉に持ち込めるかもしれません。いずれにしても、50％の確率で何も手にできない結果になることは回避できそうです。

これを「ずるい」と感じますか？

「お願いしたことや約束したことが、本当に実行されたり実現したりすること」が、何よりも大切ですよね。上司として「じゃんけん勝負に絶対勝て」という不確実な指示をするよりも、「相手の情報を調べてください」、「アポイントをとるための連絡をしてください」など、できることを1つひとつ進めていくことの方が、結果が確実で誠実なやり取りではないでしょうか。メンバーにかける負荷も少なくて済み、互いに気が楽です。

精神力ではなく、合理的な判断で「やる」と**決める**。「**決める**」というのは、こういうことなのです。

「**決める**」について、ここまでの話をまとめましょう。

「**決める**」は「決断」とは違い、結果を約束しません。結果は、相手や運など、あなたにはコントロール不可能なことによって大きく左右されるものです。どうなるかわからないものに、約束なんてできるか、という話です。

代わりに、目標とする結果と現状の差を埋めるための具体的な行動に対して約束する。「できる」行動を、「いつ」、「誰が」やるかを合意する。そこに精神力は使わない

――それが「**決める**」です。

「決めたことが決めたとおりに実現する」ことの積み重ねが信頼になる

あなたのチームで「最近の若い世代は言うことを聞かない」ということはないでしょうか。その原因は、もしかしたら、決め方にあるかもしれません。

例えば、「当課の今期の営業目標は○円です。みんな必ず達成するように」と伝えたとき、若い世代の部下が「今の市場の状況から考えて、そんなの無理ですよ」と口にしたとしましょう。上司としては苦々しく感じますよね。

でも、このように若い世代が「言うことを聞かない」のは、実はネガティブな悩みではないのかもしれません。彼らが「言うことを聞かない」のは、裏を返せば、「やる以上は最後までやり遂げたい」というポジティブな思いを持っているからなのかもしれないのです。

あなたのチームは、今まで、決定事項が実現しなかったとしても、そのまま放置していませんでしたか？　前述の例でいうならば、営業目標を達成できなかったとしても、特に何の措置もないまま進んでいたのではないでしょうか。

「この人の言うことは実現しない」とわかっていたら、相手の言うことを聞く気にはなりませんよね。部下が言うことを聞かない状況に思い当たる節があるならば、一度「決め方の間違いが、職場で機能不全を引き起こしているのでは？」と疑ってみる必要があります。

上司・部下の双方で「言ったことがそのとおりに実現しない」という出来事が積み重なると、お互いの信頼を失います。

組織は、信頼の上に成り立っています。信頼があるからこそ、お互いに機能し合うことができ、個人個人の集まりの何倍もの生産性を実現できるのです。

言ってしまえば、信頼は組織を構築する骨格のようなものです。「言ったことが言ったとおりに実現する」という出来事の1つひとつが、信頼という組織の骨格を組み立てる重要な部品です。信頼を構築するには手間暇がかかります。しかし、壊すのは簡単で、あっという間です。

あなたのチームは、上司部下のお互いに「言ったことが言ったとおりに実現する」

社内文化になっていますか？

5. これまでの決め方とこれからの決め方

本章の最後に、まとめの意味で、これまで（昭和）の決め方と、これから（令和）の決め方の違いについて触れておきましょう。

昭和の決め方の例：日米開戦における「決断」

優秀であるはずの指導者たちが、日米開戦の「決断」をした根拠は、空気でした。1940年当時、政府は正確に戦争の結果を予測した分析をしていました（内閣総理大臣直轄の研究所である総力戦研究所が「日本必敗」の結論を報告）。

しかし、近衛首相、東條陸相ら指導者たちは空気を優先。分析結果を机上の空論だとし、実際の戦争はそういうものではないとして無視して開戦。結果は、原爆の投下以外はすべて分析結果のとおりになったとされます。

これまでの決め方	これからの決め方
決断	決める
感情的で主観的な判断	理性的で客観的な視点
過剰を求める	適切な量「いい塩梅」を探す
恐怖政治・専制政治的	公正で寛容な政治、理念やヴィジョンの実現を目指す
無意味な成果を約束させる	意味のある目標を共有する
能力を超えた過剰な量を我慢と努力でやり切ることが初期設定	現実主義・物理的に可能な行動を約束する 現実のデータに基づき、継続可能な負荷量を設定する
目的の達成の可能性が低くても、行動を開始する際にするのが「決断」	難しい課題を実現可能性の高い行動に整え直すのが「決める」
覚悟が必須	覚悟などまったく必要ないように調整する
強制的、仕方なく従う	自発的
失敗の原因は気合と根性が不足していたことになる	失敗を経験して学び成長する、原因を分析してすぐに活かす
持続できない	持続可能性がある
過負荷になりがちで限界がある	適切な負荷を維持する
相手に責任はとらせるが、自らは責任をとらない。責任の運用が恣意的になる	適切で機能する責任分担を設定する
問題が発生すると、組織の運営が硬直的になる	問題の発生に対して柔軟に対応する
問題解決行動が先送りになりがち	問題解決は即行動する
隠ぺい体質になりやすい	透明性を重視し、風通しの良い環境を整える

図2-1　これまでの決め方とこれからの決め方の比較

事実のデータに基づいた判断ができずに、成功の見込みがないのに「決断」をした典型的な例です。

令和の決め方の例：令和日本のスポーツ界

ハングリー精神を信奉した昭和の体育会スポーツ界と、自発的な意思とデータを重視し、意図をもって練習する令和のスポーツ界を比べると、あらゆる競技で令和のスポーツ界の実績の方が圧倒しています。

令和の現在でも、昭和の決め方が続いている職場を多く見聞きします。当事者の「このままでは、いつになっても何も変わらない」という停滞感を変えていくためにも、令和の決め方へとシフトさせたいところです。

「セイケツ（整決）」は、決めたとおりに実現するように決めること

「決断」には大きな欠点が2つあります。

1つは、「決断」は、気合や根性と相性がいいという点です。

あなたは、目標達成のために足りない部分は、努力で解決するのが当然だと思っていませんか？　目標達成の成否を分析する際に努力を考慮してしまうと、合理的な原因分析はできなくなります。つまり、分析結果は次のようになってしまいます。

- 達成できた要因は「一生懸命努力をしたから」
- 達成できなかった原因は「努力が足りなかったから」

「○○さんの努力が足りなかった」が原因で、「次はもっと努力をするように」が解決策と結論づけるならば、分析は意味を成しません。また、そのように言われた部下も、目標達成に向けた気持ちが萎《な》えてしまうことでしょう。

努力を考慮してしまうと、気合と根性が立派な解決策になるという、なんとも残念な事態に陥ります。

これまでの決め方には、高圧的で支配的、無意味な成果を約束させるなどの特徴がありました。能力を超えた過剰な量を、気合と根性でやり切る。それを、上司は当然のこととして押し付け、部下も受け入れていました。その背景には、努力への過剰な信仰があったからだと思われます。

「決断」の2つめの欠点は、先送りされやすいということです。根拠が少ないのに、成功だけを信じて決断するのは、誰でも怖いものです。勇気だけで「決断」できる人は多くありません。そのため、多くの場合で「決断」は先送りされます。

では、いつ「決断」するのでしょうか。それは、「なんとかしなきゃヤバい」ときです。つまり、事態が悪化してどうしようもない状態に陥り、追い込まれて、仕方なく「決断」するというのが実態です。

そして、その「決断」の結果は、残念ながら「努力にかかわらず、うまくいくこともあるし、失敗することもある」が事実なのです。

あなたのチームで行われている決め方が「決断」なのか「**決める**」なのかは、決まった瞬間のあなたの感触ではっきりとわかります。

決まった瞬間に違和感があり、飲み込むのに覚悟が必要ならば、それは「決断」。

決まった瞬間に「これならいける」とエネルギーがわき、できることを一歩ずつ実現させていく道があるのが「**決める**」です。

いかがでしょうか。あなたのチームがまだ昭和の決め方をしているのならば、そろそろ「決断」をやめませんか？

そして、「決断」から「**決める**」へと、決め方をシフトしましょう。それが、**セイケツ（整決）**なのです。

第 3 章

セイケツ（整決）のやり方

1. セイケツ（整決）は「無理しない」「我慢しない」「頑張らない」

実現させると信頼につながる

職場では、次のようなことが原因となって**詰まり**が発生し、業務の流れを妨げ、仕事で成果が出ないという「仕事の不調」が生じます。

- 継続できない
- 計画どおりに進まない
- 組織が機能しない　など

そして、こうした問題は、決めたはずのことがそのとおりに実現しないという「決め方」が引き起こしているケースがしばしばあります。

組織がその力を最大限に発揮するには、「お互いが信頼し合える人間関係」が不可欠です。一緒に働く相手から信頼を獲得し、維持するためには、自身の言葉や行動が常に一貫していることが重要になってきます。

ですから私たちは、「決めたはずのことが、決めたとおりに実現しない」ことに、大きな不信感を抱きます。信頼は、一度失ってしまうと、回復が難しいものです。

組織の人間関係を、お互い信頼できるものにしていくためには、「お互いに決めたことは、そのとおり実現させる」の積み重ねが必要です。あなたが上司やリーダーであるならば、「お互いに決めたことを決めたとおりに実現させる」ができる環境をどのように整えるかに、あなたのチームの命運がかかっているといっていいでしょう。

「無理しない」「我慢しない」「頑張らない」理由

セイケツ（整決）するにあたって大切なこと。それは、とにもかくにも、無理をせず、我慢しないで、頑張りすぎないことです。これには2つの理由があります。

1つは、「無理する」、「我慢する」、「頑張る」は、どれも心身に過度な負荷をかけることになるからです。**詰まり**の原因になるのは、適正を超える過剰な量です。血管の**詰まり**に置き換えるならば、塩分や脂肪分の過剰摂取や、ストレスの過剰です。

仕事ならば、物理的な限界を超える仕事量や、到底届かないと思われる目標値などでしょう。要するに、「無理する」、「我慢する」、「頑張る」というのは、適正な量や限界値を無視する行動のことを指すのです。

「無理する」、「我慢する」、「頑張る」は心身に過度な負荷をかけてしまうため、結局、体調不良に陥ったり、計画が破綻してしまったりして、長続きはしません。私たちはそれを本能的に知っています。だから、「無理する」、「我慢する」、「頑張る」をしなければできないことを「やる」と**決める**ことには、自然と抵抗感が生じます。

2つ目の理由は、日本人は他人に嫌な思いをさせることに抵抗を感じてしまうことが関係しています。

好き好んで「無理する」、「我慢する」、「頑張る」に取り組む人はいませんよね。自分が嫌な思いをするのも、誰かに嫌な思いをさせるのも、どちらも本音ではやりたくないものです。そのため、「無理する」、「我慢する」、「頑張る」が求められることは、話し合いでは決めづらいのです。

しかし、**セイケツ（整決）**によって正しい決め方を整えれば、**決める**ことに「無理する」、「我慢する」、「頑張る」は必要なくなります。むしろ、**決める**ことに抵抗がなくなり、仕事の**詰まり**は急速に解消します。

仕事の**詰まり**を改善することにおいては、「無理する」、「我慢する」、「頑張る」よりも、「決めたことが決めたとおりに実現する」ことの方が大切になってくるのです。

我慢の使い方を間違うな

とはいえ、「無理する」、「我慢する」、「頑張る」は絶対にやってはいけないわけではありません。ここでは「無理する」、「我慢する」、「頑張る」をまとめて「我慢」とひとくくりにしますが、「我慢には正しい使い方がある」ということです。

飛行機の運航に例えてみましょう。飛行機は予備燃料を積んで運航します。それは、予期せぬ遅延やアクシデントが生じた場合に、飛行に十分な燃料を確保して、安全に空港に到着できるようにするためです。

予備燃料を使うのは万が一のときです。通常飛行時で予備燃料を使う計画をしてしまうと、トラブルが生じたときに墜落の危機に瀕します。いざというときのために予備の燃料があるからこそ、安心して通常飛行が運航できるのです。

我慢は、予備燃料のようなものです。仕事も我慢を前提にして計画を立てると、トラブルやアクシデントに遭遇したときに計画が破綻します。

平常時は過剰な負担のない仕事量で計画を立てて、仕事を進めていきます。何事もなければ、負担を感じることもなく仕事を完了。それでいいのです。

しかし、仕事の進捗途中で何らかのトラブルが発生し、納期の遅延などが発生しそうになったら、予備燃料である我慢を使って頑張りましょう。まさに火事場のバカ力です。そして、ピンチを乗り切ることができたら、再び、過剰な負担のない状態に戻せばよいのです。

我慢して頑張ってできたことを、いつでもできると勘違いしてはいけません。過剰な状態は、すぐに**詰まり**を発生させます。

我慢の正しい使い方を理解していただけましたか。あなたは、我慢を正しく使えていましたか？　もし間違って使っていたとしたら、我慢の使い方を見直すだけで**決めるが楽になる**かもしれません。

2. 実現しない計画を立てるのをやめる

決めたことが実現しない計画

目標や計画を立てたものの、そのとおりに実行できなかった……こうした経験は誰にでもあることでしょう。

このような状況は、組織のパフォーマンスに悪い影響を及ぼす可能性があります。目標や計画を設定しても、いつも途中で頓挫したり計画が自然消滅したりを繰り返していると、組織の信頼、時間、やる気、推進力、規律、希望など、多くのものを失ってしまうからです。

あなたの組織で、もしもこうした傾向があるのならば、決めたはずのことが決めたとおりに実現しない「決め方」をしていると考えて間違いありません。

放置しておいてよい問題ではありません。組織の不調の原因は、「決め方」にあります。

では、なぜ、実行できない計画を立ててしまうのでしょう。それには次の原因が考えられます。

理由①「その場をしのぐこと」が目的の計画

例えば、上司が目標と期限を決めて、それに合わせてメンバーが計画をつくる場合です。達成の見込みが少なかったとしても、その場しのぎが目的の計画をつくらざるをえなくなります。できないことを「できない」とは言えない環境が、そうした事態を引き起こしてしまうのです。

理由② 負荷が大きすぎる計画

現状の能力以上の計画を立ててしまう場合です。「この数字を達成できなければ、経営が危ない」などの追い込まれた状況では、恐怖心から、冷静に現有の能力を見極めることができなくなります。一時的に恐怖から逃れることが目的で、負荷が大きすぎる計画になってしまうわけです。

理由③ そもそも「目標とは達成が難しいものだ」と思い込んでいる

決めたことが実現しない計画を立てる人は、そもそも「目標とは達成が難しいものだ」と思い込んでいる場合があります。「目標は達成するもの」ではなく「目標は挑戦するもの」という認識です。決めたことをしっかりと実現する習慣や経験がない人に多いように見受けられます。

決めたことが実現する計画

逆に、「実現する計画」とは、どのようなものでしょうか。

それは「現状の能力で実現可能な計画」です。実現する計画を立てるには、次のような配慮をすることが重要になります。

・実行可能な行動だけで計画を組み立てる
・維持継続できる適正量で計画を組み立てる
・レベルアップを計画に織り込まない
・すべてが順調な進行を見込んで計画を立てない
・失敗した場合の対処を計画に織り込む

「現状の能力で実現可能な計画」というと、「そんな甘い考えでは、絶対に大きな目標は達成できない」と思う方もいるかもしれません。しかし、目標が大きければ大きいほど、「現状の能力で実現可能な計画」でなければ達成はできません。

もし「何がなんでも、一発で大きな目標を達成する」といった目標を設定するのであれば、その目標設定が間違っているのです。目標達成は「現状の能力で実現可能な計画」を積み重ねた先にしかないからです。

「現状の能力で実現可能な計画」を積み重ねても、まだ目標達成の見込みが立たないようであれば、それは「現状の能力だけでは目標達成に足りない」とわかったということです。

ここは重要です。

現状の能力だけでは目標達成に足りないことは、悪いことでも恥ずかしいことでもありません。

事実をしっかりと認めることが大事です。「もっと努力をすればなんとかなる」といって事実をごまかせば、事態は悪化するばかりです。

現状の能力では足りない部分をどのようにして補うのかは、別の判断や計画が必要になってきます。「現状の能力で可能なこと」と「足りない部分を補うための方策」を切り分けて考えましょう。

大きな目標を達成するのは「計画」より「継続」

大きな目標の達成を目指して、できないことをできるように装った計画を立てたとしても、目標に近づけません。一方、できることを継続して積み重ねていけば、必ず目標達成に近づきます。

継続することには、もう1つメリットがあります。それは、継続により、できることが増える点です。できることが増えると、目標達成に向けて尻上がりに効率が良くなっていくのです。

大きな目標を達成するのは、目標達成のためにできるかどうか定かではない計画を立てることより、達成に向けた具体的な行動の継続が大切です。

「無理する」、「我慢する」、「頑張る」行動では、必ず限界が訪れ、継続できなくなります。今の能力でできることを積み重ねることが、継続を可能にするのです。

答えがない中で進むための計画を立てる

私たちが計画だと思っているものは、答えがあり、その答えにたどり着くための計画である場合がしばしばあります。

例えば、夏休みの宿題のための計画。夏休みの宿題では、取り組むべき問題と答えはすでに設定してあります。なので、スケジュールと日々の行動計画を立てればよいだけです。

しかし、私たちが現在直面しているビジネス環境は、夏休みの宿題とは違い、答えがありません。戦争や政変による国際情勢の急変、未知のウイルスによる世界的パンデミック、気候変動や自然災害、技術革新による社会変化等々。それら1つひとつの出来事が複雑に影響し合って、私たちの日常に大きな変化をもたらしています。

しかも、その変化は加速していて、少し先の未来の予測さえできないといっていいほどです。経営者も従業員も同じように、不確実な未来やこれまで直面したことのない問題に対して意思決定をすることを迫られています。これが私たちの課題なのではないでしょうか。

答えにたどり着くための計画しか知らない私たちは、答えがない未来に対しても、答えがあることが前提のように計画を立てようとします。

現状を誤認した前提のために、それに合わせた都合のよい答えをでっち上げて計画するのだとしたら、その計画には意味がありません。永遠に実現も達成もすることはないわけだから、その計画に付き合わされる人にとっては大きな迷惑です。

このような計画を立てた時点で、上司やリーダーとしての信頼は失われます。実現しない計画を立てたことは、すぐに見透かされるからです。

したがって、計画に参加するメンバーの表情から前向きな意思が感じられなかったら、残念な計画を立てている可能性が高いと判断していいでしょう。あなたが上司やリーダーなら、あなたの信頼が失われていると認めるしかない瞬間です。

答えがない中で必要なのは、答えがない中で進むための計画です。行先も旅程も決まっているツアー旅行に行く場合と、未開の地へ探検に行く場合では、計画は異なりますよね。ツアー旅行に必要な計画は、決まっている行程を「こなすための計画」です。一方、未開の地での探検に必要となるのは、情報がない中で安全に進むための「進み方の計画」です。

進み方の計画とは、例えば「どのように合意形成をするのか」、「どんなタイミングで、どのくらいの頻度で合意形成のための時間をとるか」といったことを、あらかじめ決めておくことです。

仕事でいえば、毎日のルーティンがすでに決まっている業務ならば「こなすための計画」でよいでしょう。しかし、チャレンジが必要な業務では「こなすための計画」

は無意味です。「進み方の計画」が必要不可欠になってくるのです。

あなたが上司やリーダーとして、答えがないビジネス環境の中でチームを機能させて目標を達成したいのであれば、「進み方の計画」を決めてください。できるかどうか不透明なゴールにたどり着くための行程では、メンバーも不安です。そんなときに「進み方の計画」があれば、「不安」が「信頼」に変わっていくのです。

以上に述べたことをまとめると、答えがない中でも「決めたことが決めたとおりに実現する計画」を**決める**方法が「進み方を**決める**」やり方。そして、そのやり方こそが、本書のテーマである**セイケツ（整決）**なのです。

次からは、答えがない中で「進み方を**決める**」にはどうしたらよいかを解説していきます。

3. 困難を分割する

「困難を分割する」ことのメリット

「困難は分割せよ」

これはフランスの哲学者・デカルトの言葉ですが、この金言をマイクロソフト創業者のビル・ゲイツがビジネスで実践していたことは有名です。困難な状況を小さな手順やステップに分解し、それぞれのステップを解決していくことで、困難を解決していったのです。

大きな課題や目標に取り組むとき、私たちはしばしば、その大きさや複雑さに戸惑い、立ち止まってしまいます。困難な課題を一度に解決しようとするから、どこから手をつければよいのかわからなくなるのです。

しかし、課題を小さく解決可能なタスクやステップに分割し、それぞれの部分に集中。小さなタスクやステップを解決すれば、全体の解決に近づきます。

この方法は強力で、リーダーシップに苦手意識がある上司の方には特におすすめです。決断いらずで、小さくて確実にできることを**決める**だけで、驚くほど成果が出ます。これが「困難を分割する」ことのメリットです。答えがない中で「進み方を**決める**」ためにも有効なアプローチになります。

悩み、問題、課題、タスクの構造を理解する

困難を分割しようとするときに必要になるのが、悩み、問題、課題、タスクのそれぞれの意味の違いと関係性を理解しておくことです。悩み、問題、課題は、ニュアンスが違う同じ意味の言葉ではありません。それぞれの言葉の意味を正確に認識し、意識して使い分けましょう。

【悩み】

問題が複数絡まっていて、考えることができない状態。悩みを分割すると複数の「問題」になる。

【問題】

課題が複数重なっていて、解決策がわからない状態。問題を分割すると、複数の「課題」になる。

【課題】

解決への行動が整理できず、タスク化できていない状態。課題を解決のための行動に分割すると「タスク」になる。

悩み、問題、課題、タスクの関係性は階層になっている構造です（図3-1）。この順番で分割していくことによって、あなたが直面している悩みを解消するために何をしたらよいかがわかるようになるのです。

例えば大きな悩みがあるとして、その悩みを解消するにはどうすればよいでしょうか。

まず認識してほしいのは、大きな悩みをなかなか解消できないというのは、複数の問題が絡まって頭がパンパンになってしまい、考えることができない状態だということです。

そういうときこそ、困難を分割。複雑に絡み

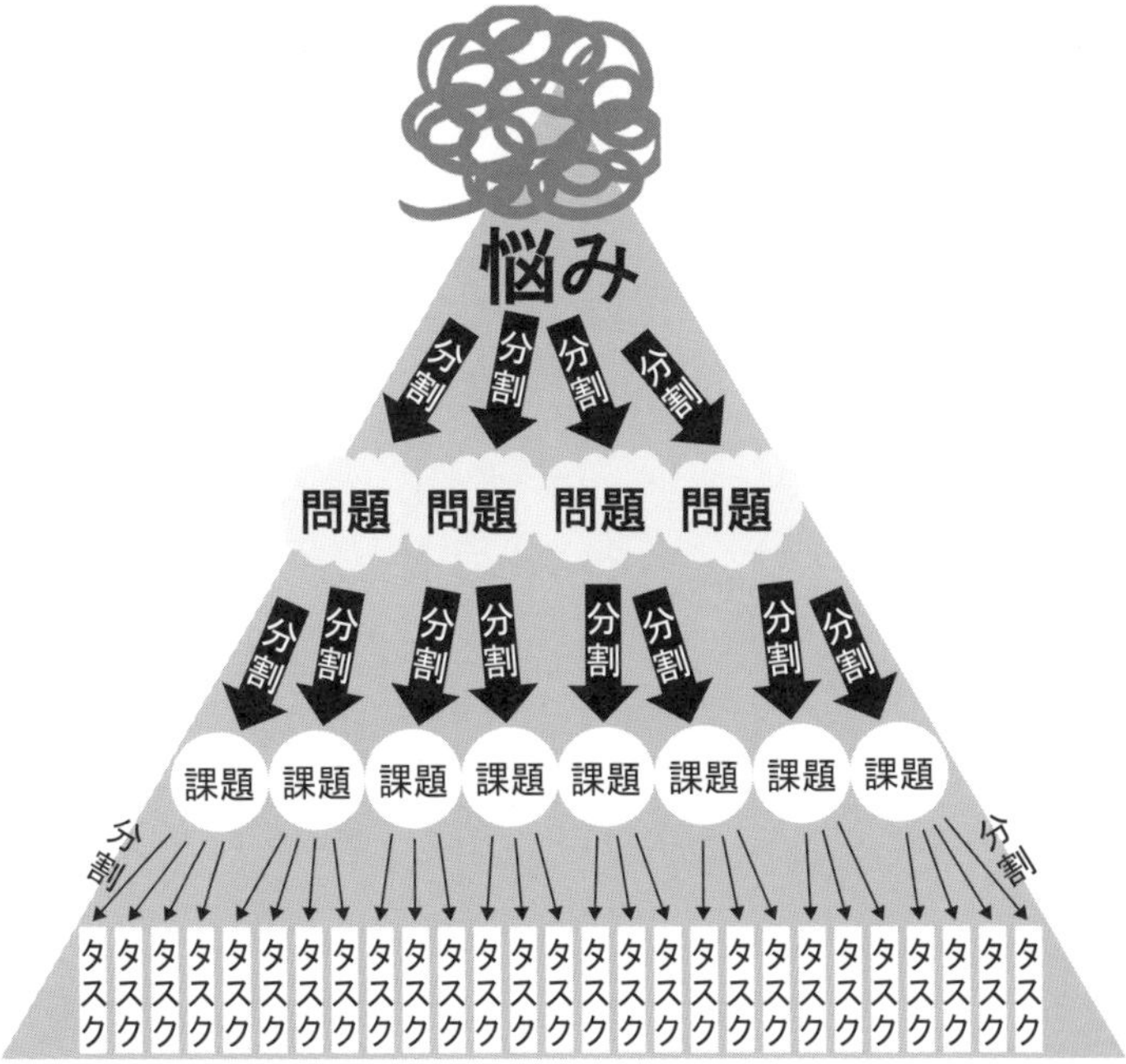

図3-1　悩み、問題、課題、タスクの構造

合った問題を解決することで、すべての問題を解決しなくても悩みは解消していきます。大きな悩みを、解決のために必要な複数のタスクにまで分割して、1つずつ実行していくことがポイントです。

タスクとは、最小単位で実行する作業や行動のことです。行動するのに障害はない状態まで分割されたら、あとは「やる」だけです。1つひとつ行動を積み重ねていくと、いずれ大きな悩みが解消されます。

繰り返し述べますが、困難を一気に解決しようとしても、できるかできないか見当もつきません。しかし、実行できる最小単位まで分割すれば、1つひとつの行動を「やる」と決意するのは簡単です。

悩み、問題、課題、タスクの構造を理解することは、仕事においても人生においても有効です。どんな悩みや問題も、結局、小さな行動を積み重ねることでしか解決できない構造になっているからです。

「決めたことが決めたとおりに実現するように**決める**」ことや、「答えがない中で進み方を**決める**」ための具体的な方法が「分割」です。100%実行できる最小単位まで分割したうえで、その行動を「やると**決める**」。これが大切です。

結果を約束しない

困難を分割して「決めたことが決めたとおりに実現するように**決める**」を実践するうえで、大事なポイントがあります。それは「できない」ことを「できる」と言わないことです。事実を事実として、正直に取り扱うことが、結局「決めたことが決めたとおりに実現する」ことにつながるのです。

例えば、あなたは「社長の許可をもらう」ことを約束できますか？　ＹＥＳかＮＯかは社長次第ですよね。どんなに優れた企画や提案であったとしても、相手にもタイミングや事情があります。１００％の確率でＹＥＳをもらうというのは、あなたにはコントロール不可能です。

そのため、「社長の許可をもらう」を誰かと約束したら、約束を破る結果もあり得ます。または、約束を守ることにこだわり、出口のない泥沼にはまるかもしれません。

結果に対して約束をしてはいけない理由はそこにあります。自分が結果を約束しても、誰かに結果を約束させても、不要な**詰まり**を生むだけです。

では、何を約束すればよいのか。それは、「社長にYESかNOかを確認する」ことから始めればいいのです。これならば約束できますよね。

YESかNOか、答えをもらうことがゴールなので、社長の答えがどちらであったとしても約束は果たせます。これならば、あなたは約束を守ることができ、信頼を損ねることもありません。

大事なことなので、もう一度繰り返します。「結果を約束する」決め方をしても、良いことは何ひとつありません。対して、「行動を約束する」決め方は、良いことだらけです。

上司やリーダーとして自分の組織を機能させていきたいのであれば、約束するのは「結果」ではなく「行動」だと肝に銘じましょう。

こう言うと、中には「行動計画のことだろ。そんなのはすでにやっているよ」と言う人もいるかもしれません。

では、振り返ってみてください。行動計画は、計画どおりに実現されていますか？

もし、行動計画を立てているにもかかわらず、そのとおりに実行されていないのだとしたら、**決める**方法がどこか間違っているということです。思い当たる場合は、チームの悩みや問題を分割することから始めて、行動計画を見直してみませんか。

分割して見えてきた「タスク」の1つひとつが、これならば無理なく100%できるという行動になっているならば、行動計画の達成は確実になります。さらにいえば、そのように計画ができた時点で、あなたの悩みは解消していて、心もポジティブになっていることでしょう。

4．1日5分の活動でチームが変わる

「困難を分割する」を仕事に応用する

「困難を分割する」考え方を仕事の中で応用できるようになると、上司やリーダーとして組織の仕事の**詰まり**を解消することが簡単になります。

組織改善に「困難を分割する」を具体的に当てはめたのが、「1日5分の改善活動」

です。チームに問題を抱えて悩んでいる上司の方は、ぜひ、ここから始めてみてください。

実際、仕事の**詰まり**による経営上の悩みや組織の問題を改善したくても、うまくいかないことが多々あります。チームの問題を改善するための意志を統一できなかったり、時間が確保できなかったり、さまざまな障害が具体策の実行を邪魔します。そうした中で適切に改善を進めることは、誰にとっても簡単なことではありません。

ある企業で業績評価が万年最下位の事業部が、たった2年で全社1位になったことがあります。その方法は、「1日5分の改善活動」を続けただけ。ここでは、その事例を参考にしながら、「困難を分割する」を仕事の中で応用する方法をご紹介したいと思います。

ある中小企業の改善プロジェクト事例

事例の舞台は、地方で金属加工業を営むA社の、とある部署における業務改善プロジェクトです。A社は従業員70名ほどの会社で、当該部署は出荷管理を担当していました。構成員は部長のほか、メンバー10名ほどです。

経営側の悩みは、賞与を査定するための業績評価で、出荷管理部が万年最下位であることでした。これまでにもさまざまな取り組みを行ってきたものの、目に見える改善につながらない状況が何年も続いていました。こうした悩みを解消するために、改めて、出荷管理部における業務改善プロジェクトがスタートしたのです。

業務改善プロジェクトの最初の目的地は、現状を把握して活動の具体策を**決めること**です。そのために「困難を分割する」作業から始めました。

①「悩み」を「問題」に分割する

最初に取りかかったのが、「悩み」を「問題」に分割することです。分割する方法として、メンバーそれぞれに業績評価で万年最下位という状況について、考えられる原因を書き出してもらいました。

制限時間は10分。原因として、以下のものが書き出されました。

・リーダーのマネジメント能力不足
・ミスが多い
・仕事量が多い
・出荷業務の前段階ですでに遅延がある
・時間がない
・仕組みがない
・報連相ができていない
・コミュニケーション不足
・事務所が散らかっている
・作業スペースが散らかっている
・問題解決ができない　など

これらが「悩み」を分割して見えてきた「問題」です。この1つひとつを解決していけば、いずれ悩みの解消につながります。

②「問題」を「課題」に分割する

続いて、挙げられた「問題」を「課題」に分割します。A社の出荷管理部では、「作業スペースが散らかっている」という問題を最初の題材にしました。

分割する方法は、悩みを問題に分割したときと同様、「作業スペースが散らかっている原因を、メンバーそれぞれに書き出してもらう」です。制限時間も、同じく10分です。

こうして書き出された原因が、次のものでした。

- 整理整頓の方法を知らない
- どこから手をつけたらいいかわからない
- 勝手に捨てられない
- 元に戻す場所が決まっていない
- 誰の物なのかわからない物がある
- 業務だけで精一杯のため時間がない　など

「作業スペースが散らかっている」という問題を分割した結果、「課題」が見えてきましたね。

③「課題」を「タスク」に分割する

ここが、活動の具体策を**決める**ポイントです。「決めたことが決めたとおりに実現するように**決める**」、すなわち**セイケツ（整決）**の肝になる部分です。

気をつけなければならないのは、「結果」をゴールに定めないことです。この件でいうならば、「作業スペースを整理整頓した状態にする」という結果をゴールに据えてはなりません。

初めて取り組むプロジェクトは、どのように進んでいくか、どのような結果になるか、わかりません。つまり、結果はコントロールできません。

だから、自分たちでコントロールできない結果ではなく、「行動」をゴールとして**決める**のです。「行動」は、取り組めさえすれば100％達成できるので、コントロール可能です。

A社の出荷管理部では、「整理整頓の方法を知らない」という課題を分割して、以下の行動をタスクとして決め、実行することにしました。

- 整理整頓の方法のレクチャーを受ける
- レクチャーの日時を設定する

続いて、レクチャーを受けて学んだ整理整頓の方法を、作業スペースで実践するための時間を確保しなくてはなりません。

しかし、「業務だけで精一杯のため時間がない」という別の課題があります。この課題に対しては、「1日に何分だったら、作業スペースの整理整頓に時間をかけられるか？」と、メンバーから事情を聴取しました。そして、「昼休み後の5分」を確保できることになりました。

この時点で決まったことは、次の3点です。

・毎日、昼休み後の5分に作業スペースの整理整頓を実行する
・実行に際しては、タイムキーパーを設けて終了時間を厳守する
・月に1回、進捗確認と進行予定調整のために60分のミーティングを実施する

それ以上のことは、やってみないとわからないので決められません。ミーティング時に進捗を確認し、都度行動を**決める**ことにして、活動を開始しました。

①〜③の「困難を分割する」作業を経て決めた「毎日5分の整理整頓活動と、月1回の60分ミーティング」を続けた結果、18カ月で作業スペースは見違えるほど整理整頓されるようになりました（**図3-2**、**図3-3**）。

そして、活動を始めてから2年後。万年最下位だった出荷管理部の業績評価は、見事、全社1位になったのです。

活動の成果は、整理整頓が完璧になったことではありません。整理整頓を実践する中で身につけた方法を、仕事の流れの見直しに応用し、業務改革が進んだ結果です。

会社が最も喜んだことは、活動を推進した部長の成長、そして、人事評価が急上昇

図3-2　以前の作業スペース

図3-3　整理整頓された作業スペース

した点でした。A社の活動は、その質を高めながら現在も進行中です。

1日5分の活動で組織が変わる理由

複数の問題や課題が絡み合った大きな目標が目の前にあるとしましょう。こうした問題や課題に直面すると、人はどうしても「大きな目標に見合った、大きい解決策」を求めがちです。しかも、その「大きい解決策」のすべてを実行しないと、問題や課題は解決されず、目標も達成できないと勝手に思い込んでしまいます。

こうした思い込みのせいで、問題や課題を目の前にして、何も手をつけられない状況が多々あります。「大きな解決策」を必要とする間違った思い込みが、多くの職場で仕事を詰まらせ、停滞を発生させているのです。

また、そもそも日常の業務がある中で、「大きい解決策」を実行しようとしても、そのための「人」、「時間」、「モチベーション」を持続的に確保するのは物理的に不可能だということも多いものです。手をつけなければ、現状が変わることはありません。

しかし、1日5分で構いません。問題課題を解決するための活動を、1日たったの

5分だけでいいので持続させていけば、小さな解決が確実に積み上がっていきます。例えば、10人のチームで業務改革プロジェクトを1年間持続する場合、10人×5分×250日＝12500分（208時間）を未来の職場環境のために投資できるのです。

やってみると、驚くことに、問題課題のすべてを解決しないうちから、良い変化がどんどんと生じるようになるでしょう。大きな問題課題を目の前にして、何もできない組織と、たった5分というわずかな時間でも未来に投資し続けている組織では、結果が違って当然です。

ただし、だからといって毎日5分間の掃除を継続すればよいのかといったら、そうではありません。必要となるのは、「困難を分割する」考え方と、「答えがない中でも進みながら行動を決めていく」進み方なのです。

5. セイケツ（整決）の手順

セイケツ（整決）に取り組むために

それでは、いよいよ**セイケツ（整決）**の手順についてお伝えしましょう。

といっても、やり方はいたってシンプル。「困難は分割せよ」を、課題解決に応用していきます。つまり、解決したい課題を分解して、実現可能な形に変えて、実現する段取りを決めていくのです。

具体的な作業手順は、次のとおりです。

①全出し

課題を分割して、解決するために必要な行動をすべて洗い出す。

②分類

行動を「できること」、「できないこと」、「判断つかないこと」に分ける。

③再構築
解決までの工程と進捗をフォローする段取りを**決める**。

④進捗支援
決めたことが本当に実現するように支援する。

この手順を進めることで、「決めたとおりに実現する」決め方ができるようになります。では、1つずつ具体的なやり方を見ていきましょう。

「全出し」のやり方

「全出し」とは、文字どおり全部出すことをいいます。課題を解決するために必要な行動を、思いつくものすべてを洗い出す作業です（**図3-4**）。1人で行う場合も、複数人で行う場合も、作業の内容は同一です。

例えば、課題が「プレゼン資料をつくる」だとすると、思いつく行動には、次のようなものが挙げられます。

・プレゼンの目的を明確にする
・ターゲットを設定する
・テーマの選定をする
・アウトラインを作成する
・関連するデータや情報を収集する
・プレゼンの構造を設計する
・メッセージとスクリプトの作成をする
・スライドのデザインをする
・テキスト、図表、写真などを挿入する

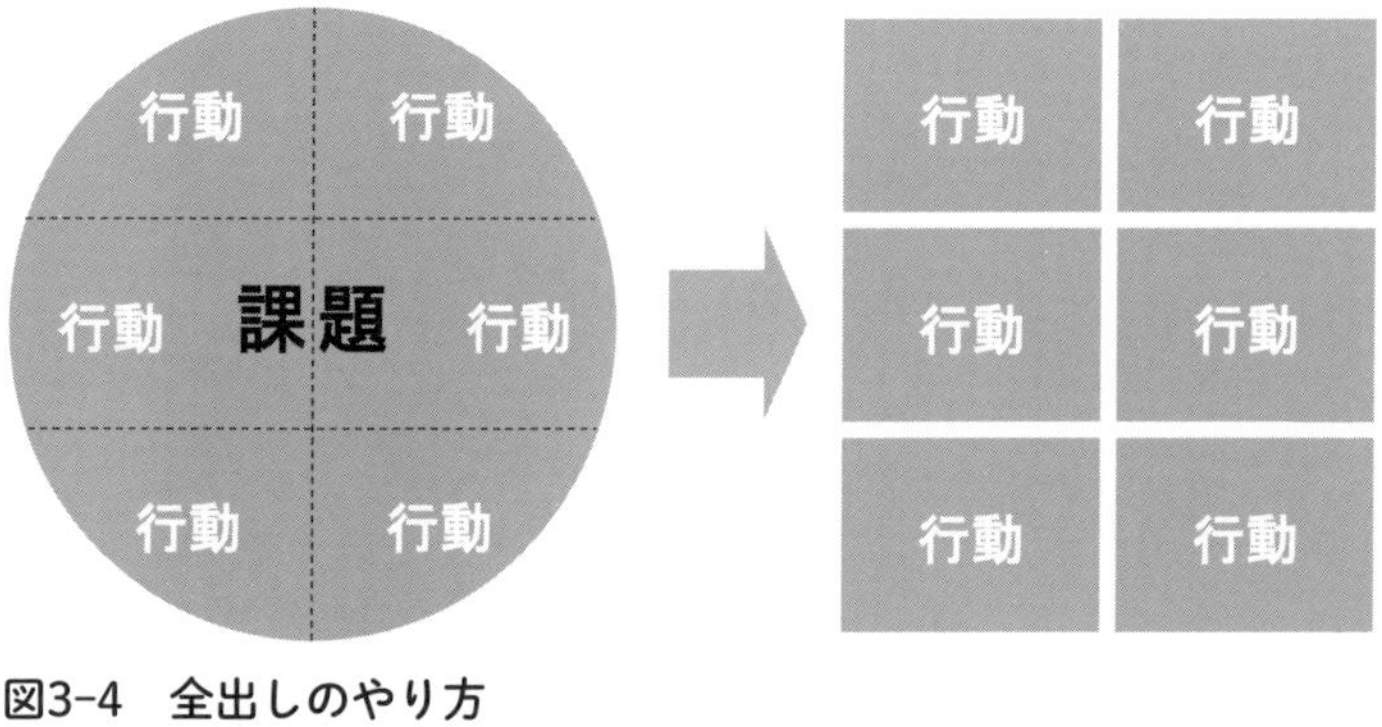

図3-4　全出しのやり方

このように、課題を解決するために必要な行動を、思いつく限り挙げるのが「全出し」です。具体的な作業がイメージできたでしょうか。

「全出し」を行ううえで、守っていただきたい注意点が4つあります。

①書く
②思いついたことを書き出すだけに集中する
③前提条件なしで書き出す
④時間を守る

では、1つずつ説明していきましょう。

①書く

課題を解決するために必要な行動は、「話す」のではなく、「紙に書き出す」ことから始めてください。付せんを使うと便利です。付せん1枚に対して1つの事柄を書き出すと、後々の使い勝手がよくなります。

なぜ「話す」ではいけないのかというと、この時に思いついたことを口にすると、ずるずるとした話し合いになってしまうからです。これは時間の無駄なので、意識的に避け、各人が思いついたことを紙に書き出すようにしましょう。

②思いついたことを書き出すだけに集中する

書き出す際には「考えない」ことが大切です。つまり、今思いついたことを書き出すことだけに集中してください。

「全出し」は、後の工程で考えるための材料集めが目的です。ここで答えを出す必要はありません。考えるのは時間の無駄です。今思いつかないことを無理やり絞り出す必要もありません。今見えていないことは、行動をしてみたら見えてくるものなのです。

③前提条件なしで書き出す

「できる・できない」、「お金がかかる・かからない」、「自分がやる・他人がやる」、「時間がかかる・かからない」などは、ここでは関係ありません。前提条件なしに書き出すようにしましょう。

「この課題はこうやったら解決できるはずだ」と思う行動を、お金や人、時間などに縛られることなく書き出してください。「できるか、できないか」を考えるのは後の工程です。

④時間を守る

メンバーに「無駄な時間だ」と感じさせない配慮が大切です。あらかじめ、作業にかける時間を決めておきましょう。終了時間を決めずに取り組むのは論外です。

おすすめは、5分間。5分やってみて足りないようならば、そこからもう一度、5分間取り組んでみてください。10分、15分と休みなく続けると、どうしても気が緩んでだらだらしがちなので、「5分×2回」、「5分×3回」と時間を区切った方が効果的です。

終了時間は、特に強く意識してください。時間を守るためにタイムキーパー役を設けるとよいでしょう。実際にやってみるとわかりますが、タイムキーパーの存在の有無は、時間の質にかなりの差が出ます。

以上が「全出し」を行ううえでの注意点です。①〜④を意識して、なるべく多くの材料（データ）を書き出すと、**セイケツ（整決）**の次の手順「分類」がスムーズに進みます。

「分類」のやり方

「分類」は、「全出し」したすべての行動を、特徴や性質などでまとめる作業です。そのうえで、「できるもの」、「できないもの」、「判断つかないもの」に区分します（**図3-5**）。

まずは、特徴や性質などでまとめる作業から始めてください。複数人で「全出し」をすると、数人から同じような内容が書き出されることが必ずあります。同じような内容は、まとめて1つの行動として集約します。まとめられない内容は集約せず、そのまま残します。

次に、そうしてまとめた行動を「できるもの」、「できないもの」、「判断つかないもの」の3つに分けます。

①できるもの
100％「やる」と決められる行動

②できないもの
100％「やれない」行動

③判断つかないもの
今は「やる」とは決められないが、

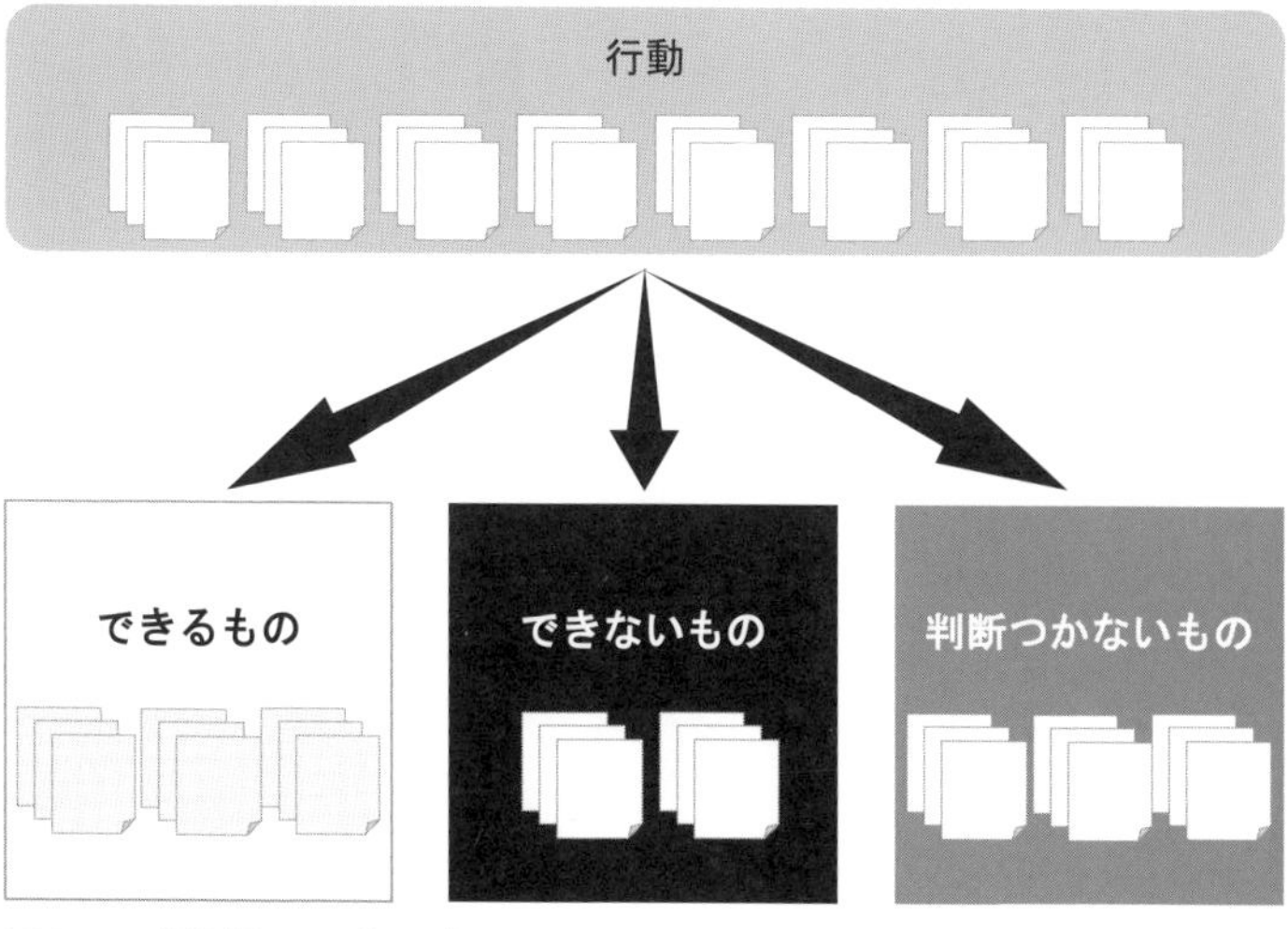

図3-5 「分類」のやり方

何か方法があればやれるかもしれない行動

「再構築」のやり方

「再構築」とは、解決までの工程と進捗をフォローする段取りを**決める**作業です。分類した行動を再構築することで、課題を解決可能な形に整えます（**図3-6**）。

「分類」で「できるもの」、「できないもの」、「判断つかないもの」の3つに分けた行動を、さらに次のように具体的な段取りへ移します。

①「できるもの」は、すぐにスケジューリングする。

②「できないもの」は、今は手をつけられないので放置する。

③「判断つかないもの」は、個々にどうするかを決め

図3-6 「再構築」のやり方

るためのスケジューリングをする。

「判断つかないもの」は、例えば、次のような行動に分割することで、判断可能になります。

- 決定権者は誰なのかを調べる
- 決定権者がわかったら、判断を仰ぐためのアポイントをとる
- 決定権者の判断が確認できたら、次の行動を**決める**ミーティングの設定をする

ここで決められるのは、こうした行動までです。

課題の事例により、解決するための行動もさまざまです。どのような事例でも、課題を細分化することで解決に近づきます。課題解決実現のために、今できる限界まで行動を決めていくのです。

1つひとつの行動が100％実行できるように実現可能なスケジュールを決めたら、

「再構築」が完了したと考えていいでしょう。

「進捗支援」のやり方

「進捗支援」は、決めたことが本当に実現するように支援する作業です。仕事の場面に合わせて行います。もう少し詳しく説明をすると、「チームや部下にとってやりがいのある仕事が、毎日少しでも進捗するように支援する」ことです（**図3-7**）。

「進捗支援」は、上司やリーダーとして最も大切な仕事です。組織の業績もモチベーションも、リーダーの「進捗支援」にかかっています。

仕事の**詰まり**を解消して「業務の流れに滞

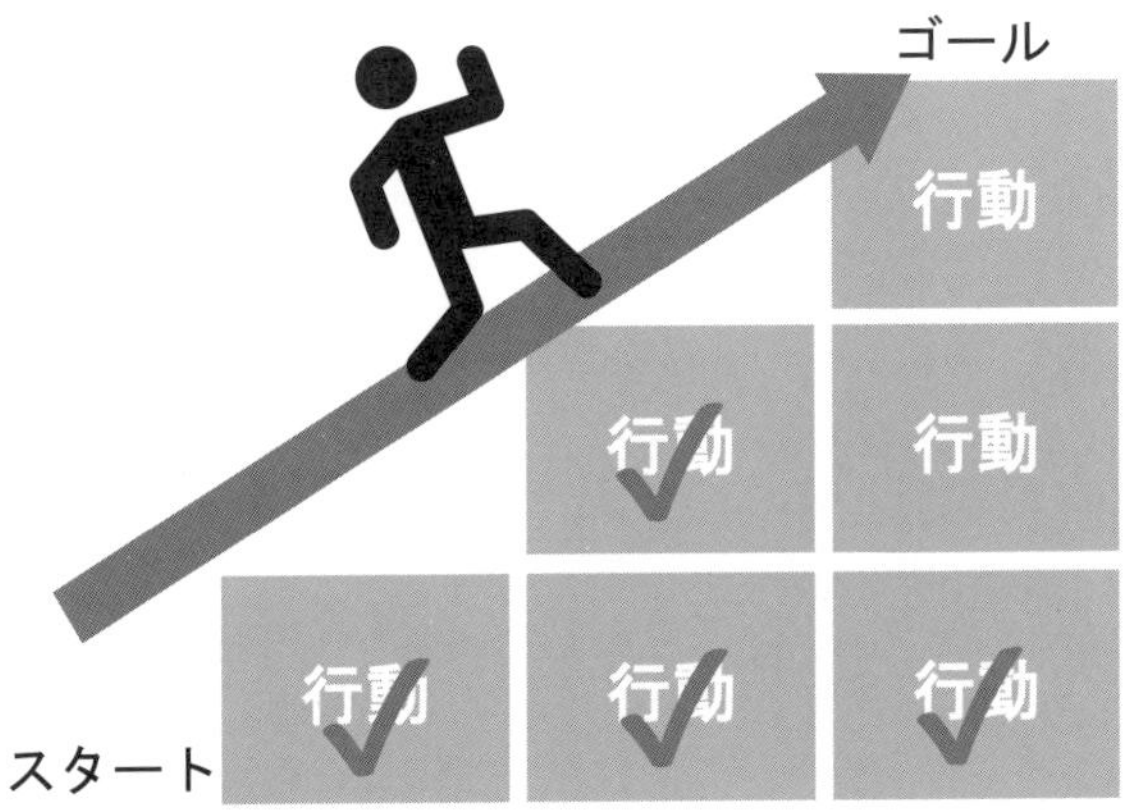

図3-7　「進捗支援」のやり方

りがなく」、「やりがいを感じる目的に向かって」、「やる気とワクワクを感じながら」、「身体も精神も健康でいる」――そんな職場環境を実現するのは、上司やリーダーによる「進捗支援」が機能することで可能になるのです。

ポイントは、メンバーの進捗に関心を持ち、スケジュールを確認することです。順調に進んでいるならば、確認をするだけで十分です。しかし、問題があって進んでいない場合は、適切なタイミングで「手助けできることはありますか？」と声をかけてください。それが「進捗支援」です。

決め方を整える**セイケツ（整決）**は、この「進捗支援」を誰でもできるようにするための仕組みになっています。

6．答えが見えない中でも進みながら行動を決めていく

「答えが見えない中でも進む」とは

ここまで、**セイケツ（整決）**の手順についてお伝えしました。手順を知り、実践し

てみたからといって、必ずしも答えが見つかるとは限りません。むしろ、答えが見えないことのほうが多いといっていいかもしれません。

答えが見えない状態というのは、判断できるに十分な情報が足りていない状態のことです。行く先を決めようにも、確実な情報や予測が得られないので「どうしたらいいのかわからない」と頭を抱えてしまいます。

そのような状況でも、前に進まなければなりません。答えが見えない中でも進むには、方法があります。

前述のとおり、答えが見えないのは判断できるに十分な情報がない状態。つまり逆説的にいうと、判断するのに十分な情報を集めればよいのです。

判断するのに十分な情報を集めるには、「調べる」と「やってみる」という2つの行動しかありません。そう、最初の一歩は、安全を確保できる範囲で調べて、やってみることなのです。

調べて、やってみた結果、情報が集まってきます。集めた情報をもとに、さらに次に何を調べて、何をやってみればいいのかが見えてきます。これを繰り返していくと前に進んでいけるのです。

もし、あなたが上司やリーダーとして「答えがない」、「目的地が見えない」、「どうしたらいいのかわからない」という状況にいるならば、即座にメンバーを巻き込んで、「調べる」と「やってみる」を段取り、実行してください。

その際には、前項で述べた**セイケツ（整決）**の手順①全出し→②分類→③再構築→④**進捗支援**が役に立ちます。次に何を調べ、何をやってみればいいのか、はっきりと浮かんでくるに違いありません。

上司やリーダーは、どうしても自分が答えを示してチームを導く役割だと思い込みがちです。それが簡単にできるならいいのですが、いつもうまくいくとは限りません。

上司やリーダーの思いとは裏腹に「独りよがりな結果を生み出してしまい、チームに不満が募る」といった弊害を生むこともあります。つまり、自分が答えを示してチームを導くというのは、無駄な思い込みなのです。

だとしたら、そんな思い込みは捨ててしまいましょう。むしろ、チームメンバーに「調べる」と「やってみる」を提案し、次に何を調べて、何をやってみればいいのかも決めてもらってはどうでしょうか。そうするうちに情報量も増え、チームのモチベーションも高まり、チームで前に進む喜びが生まれます。

上司やリーダーの役割は、メンバーを安全に目的地まで到着させることです。上司やリーダーは、チームの進捗の支援役として機能すればいいのです。結果として、その方が上司やリーダーの物理的・心的負荷が軽減し、チームはうまく機能するでしょう。

失敗を予定する

新しい取り組みをするときは、何かしらの失敗をするものです。「失敗しない」は、ありえません。にもかかわらず、私たちは〝失敗しないこと〟を求めてしまいます。その結果、仕事を不幸にしてしまうことが往々にしてあります。

判断するのに十分な情報を集めるためには、「調べる」と「やってみる」という2つの行動しかないと先述しました。

しかし、失敗を恐れて「やってみる」ができないケースが、しばしばあります。誰でも失敗を恐れる気持ちはあるものです。それは仕方がありません。

しかし、答えがない中でも進んでいくためには、判断するのに十分な情報が必要です。言い換えると「やってみた結果、失敗したこと」が重要な情報となりえます。

失敗をすることで、初めて「できること」の境界線が現れるのです。この情報を知らずに安全に前に進むことはできません。そう考えると「失敗」は必要なデータであることが、おわかりいただけるのではないでしょうか。

答えがない中でも進むために、そして判断に必要な情報を得るために、あらかじめ「失敗」を予定しておく。そうしてやってみると、案外、失敗も恐くなくなるものです。「失敗」があることを予定するとは、失敗があったときの段取りをはじめから用意しておくだけです。

上司やリーダーとして、チームメンバーから失敗の報告を受けても動揺せず、「なるほど、こういうことが起きるのか。わかってよかった。それで、どうしようか？」と、平常心で受け止めましょう。あらかじめ、立ち居振る舞いと、メンバーにかける言葉をイメージしておくとよいかもしれません。

繰り返し述べますが、「失敗」は前に進むために必要となる、ただのデータです。恐れるなんて、もったいない！　失敗したときには、「貴重なデータが手に入った！」と、チームで歓喜しようではありませんか。

7. セイケツ（整決）の成功ケース

セイケツ（整決）で悩みが完全解消！

本章の最後に、私のアドバイスで**セイケツ（整決）**を活用して問題を解決した事例を紹介しましょう。地方都市のレストランで店長として働くBさんのケースです。

複数の飲食店を展開する企業が運営しているこのお店は、社員は店長のBさん1人。ほかはパートスタッフで切り盛りしていました。

Bさんの当時の悩みは、店舗の清掃管理に関することでした。社員は店長1人だったので、やらなくてはいけない業務が山積み状態。

もちろん、毎日の店舗運営に必要な清掃や片付けは行っていましたが、ギリギリ現状維持ができるかどうかのレベル。経営者が求める店内と厨房の美観の水準には、遠く及んでいませんでした。

「なんとかしたいが、どうにもできない……」というジレンマに悩み、考えることが多すぎて、Bさんの頭の中はパンパンになっている状態だったのです。

結果からいうと、店長Bさんは1年後にはこの悩みを完全に解消し、店舗の美観は見違えるほど改善され、飲食業ではありえないほど、きれいな状態を維持できるようになっていました。

さて、店長Bさんはどのように実現していったのでしょうか。それは、悩み解消までの一連の過程で、**セイケツ（整決）**を活用しながら1つひとつ決めたことでした。

この事例の着目すべき点は、「きれいになった」という結果ではありません。「他店ではありえないほど、きれいな状態を維持できるようになった」という点です。この2つは全然違うことなので、誤解しないように注意してください。

困難はこうして分割していく

最初に手をつけたのは、「考えることが多すぎて、頭の中がパンパンになっているんです」という、店長Bさんが抱える困難を分割することでした。

では、店長Bさんが**セイケツ（整決）**によって悩みを解消した過程を見ていきましょう。

①全出し

思い悩んでいる事柄を、とにかく全部書き出していきました。実際に挙げられた悩みはいろいろとありましたが、ここではわかりやすくするために、「店舗の清掃管理」に関する悩みに限定して見ていきます。

店長Bさんが店舗の清掃管理についての悩みを書き出し、そこからわかった問題は、次の3点でした。

問題1：自分がやらなくてはいけない

問題2：時間がない
問題3：清掃のやり方がわからない

店長Bさんが抱えている問題は見えてきました。しかし、このままでは店長Bさんが「これならできる」と思える行動は見えてきません。そこで、さらに問題を分割していきました。

「問題1：自分がやらなくてはいけない」は、次の3つに分割することができます。

課題1-1：パートスタッフにはお願いできない
課題1-2：社員を増やせる状態ではない
課題1-3：仕事をほかの人に振れるように整理できていない

続いて、「問題2：時間がない」を分割すると、次の4つになります。

課題2-1：やらなくてはいけない通常業務が多い
課題2-2：突発的や不定期にいろいろと新たな業務が発生する
課題2-3：そうなると通常業務すらたまってしまう
課題2-4：今以上の美観のために必要な時間の見当がつかず、手をつけられない

最後に、「問題3：清掃のやり方がわからない」は、次の3つに分割できます。

課題3-1：きれいな状態のために、何をどこまでやればいいのか把握していない
課題3-2：実は、清掃方法は知っているが、店内全部をやるのは無理だと思っている
課題3-3：もっと便利な道具があるかもしれないが、調べたり探したりする余裕はない

こうして、取り組むべき課題が見えてきました。ここからさらに、課題を具体的な行動へと分割していきます。

「課題1-1：パートスタッフにはお願いできない」を分割します。

行動1-1-1：パートスタッフの手待ち時間にできる分量の仕事にする
行動1-1-2：手待ち時間にやる仕事が一見してわかるような表をつくる
行動1-1-3：表を運用できるようにパートスタッフに伝える
行動1-1-4：実際に表を運用して、日々仕組みをブラッシュアップする

「課題1-2：社員を増やせる状態ではない」を分割します。

行動1-2-1：どんな状況になったら社員の増員が可能になるか社長に確認をする
行動1-2-2：社長に確認をするためのアポイントをとり、スケジューリングする

「課題1-3：仕事をほかの人に振れるように整理できていない」を分割します。

行動1-3-1：店内の清掃管理に必要な作業を全部書き出す
行動1-3-2：書き出した作業をさらに分割する
行動1-3-3：店内の各場所各部位に名前をつけ、住所を作成し地図にする

「課題2-1：やらなくてはいけない通常業務が多い」を分割します。

行動2-1-1：通常業務を全部書き出す
行動2-1-2：書き出した業務をさらに分割し、必要な作業を「見える化」する
行動2-1-3：必要な作業を分類して、不必要な作業や統合できる作業を明らかにする
行動2-1-4：必要な作業のおおよその時間を書き出す

「課題2-2：突発的や不定期にいろいろと新たな業務が発生する」を分割します。

行動2-2-1：今までに突発的や不定期に発生した業務を全部書き出す

行動2-2-2：書き出した業務を分類し、予想可能なデータにしておく

「課題2-3：そうなると通常業務すらたまってしまう」を分割します。

行動2-3-1：課題2-1、課題2-2を解決するまで放置

「課題2-4：今以上の美観のために必要な時間の見当がつかず、手をつけられない」を分割します。

行動2-4-1：1日で現状維持以上の清掃作業に割ける時間を書き出す
行動2-4-2：5分、10分とあらかじめ決めておき、その時間で一度やってみる
行動2-4-3：やってみた時間の感触をもとに、負担感がない時間を決める
行動2-4-4：1週間やってみて、負担感かワクワク感かを検証する
行動2-4-5：しっくりくるまで微調整しながら繰り返してみる

「課題3-1：きれいな状態のために、何をどこまでやればいいのか把握していない」を分割します。

行動3-1-1：把握できるまで、決めたことをやってみてデータを集める

「課題3-2：実は、清掃方法は知っているが、店内全部をやるのは無理だと思っている」を分割します。

行動3-2-1：知っている清掃方法で10分やってみてデータにする

行動3-2-2：そのデータをもとにスケジューリングをしてみる

「課題3-3：もっと便利な道具があるかもしれないが、調べたり探したりする余裕はない」を分割します。

行動3-3-1：プロに聞く
行動3-3-2：プロにアポをとりスケジューリングをする

このように、悩みを問題に、問題を課題に、課題を行動（タスク）に分解し、実行可能な行動を「全出し」していったのです（**図3-8**）。

②分類

次の作業で、Bさんは「全出し」した行動を、「できるもの」、「できないもの」、「判断つかないもの」に分けました。分けてみてわかったのは、「この時点でできることは多くない」ということでした。

「できるもの」に分けられた行動は、次の3つです。

- 行動2-4-1：1日で現状維持以上の清掃作業に割ける時間を書き出す
- 行動3-2-1：知っている清掃方法で10分やってみてデータにする

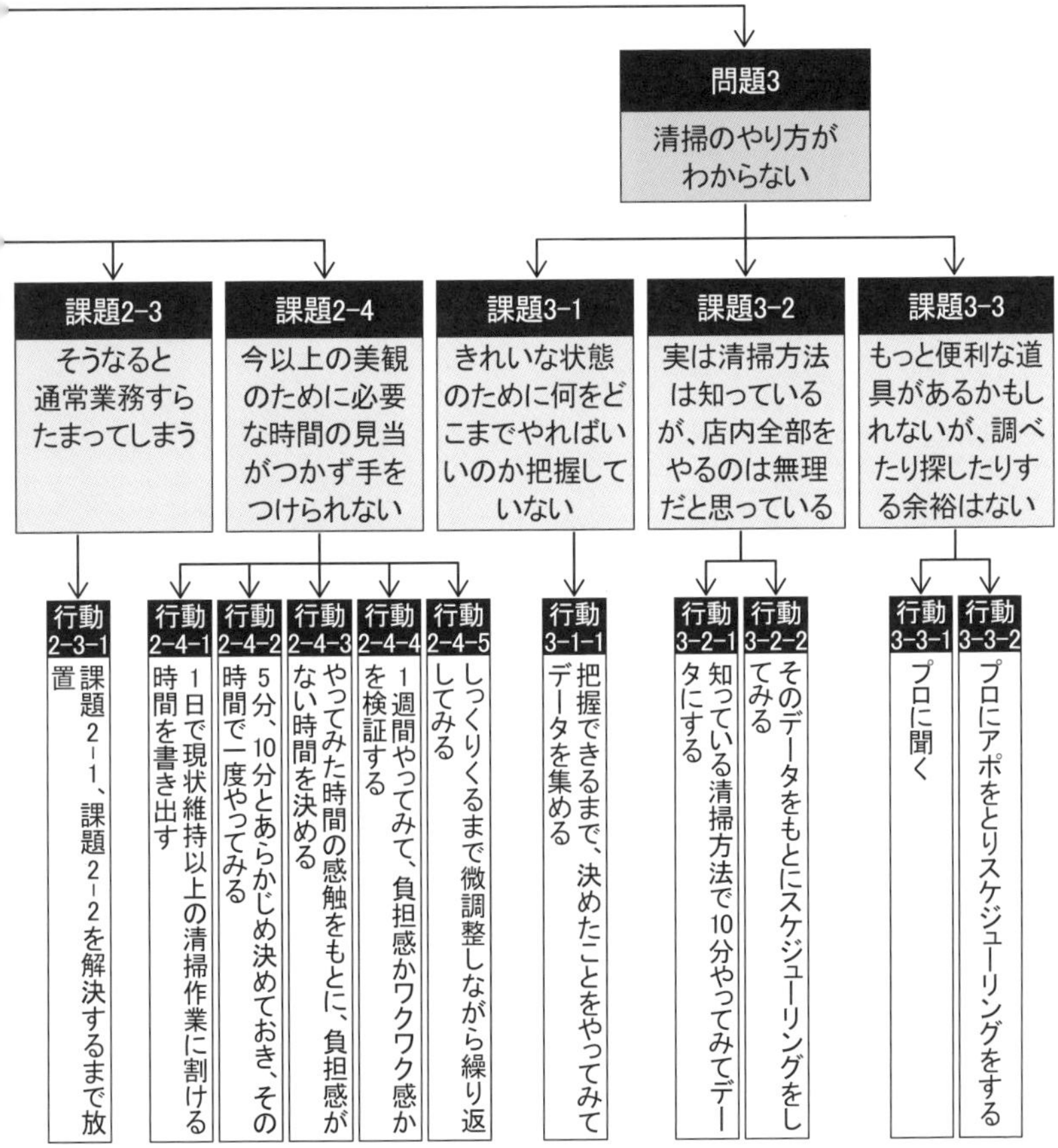

問題3
清掃のやり方がわからない
課題2-3
そうなると通常業務すらたまってしまう
課題2-4
今以上の美観のために必要な時間の見当がつかず手をつけられない
課題3-1
きれいな状態のために何をどこまでやればいいのか把握していない
課題3-2
実は清掃方法は知っているが、店内全部をやるのは無理だと思っている
課題3-3
もっと便利な道具があるかもしれないが、調べたり探したりする余裕はない
行動2-3-1
課題2-1、課題2-2を解決するまで放置
行動2-4-1
1日で現状維持以上の清掃作業に割ける時間を書き出す
行動2-4-2
5分、10分とあらかじめ決めておき、その時間で一度やってみる
行動2-4-3
やってみた時間の感触をもとに、負担感がない時間を決める
行動2-4-4
1週間やってみて、負担感かワクワク感かを検証する
行動2-4-5
しっくりくるまで微調整しながら繰り返してみる
行動3-1-1
把握できるまで、決めたことをやってみてデータを集める
行動3-2-1
知っている清掃方法で10分やってみてデータにする
行動3-2-2
そのデータをもとにスケジューリングをしてみる
行動3-3-1
プロに聞く
行動3-3-2
プロにアポをとりスケジューリングをする

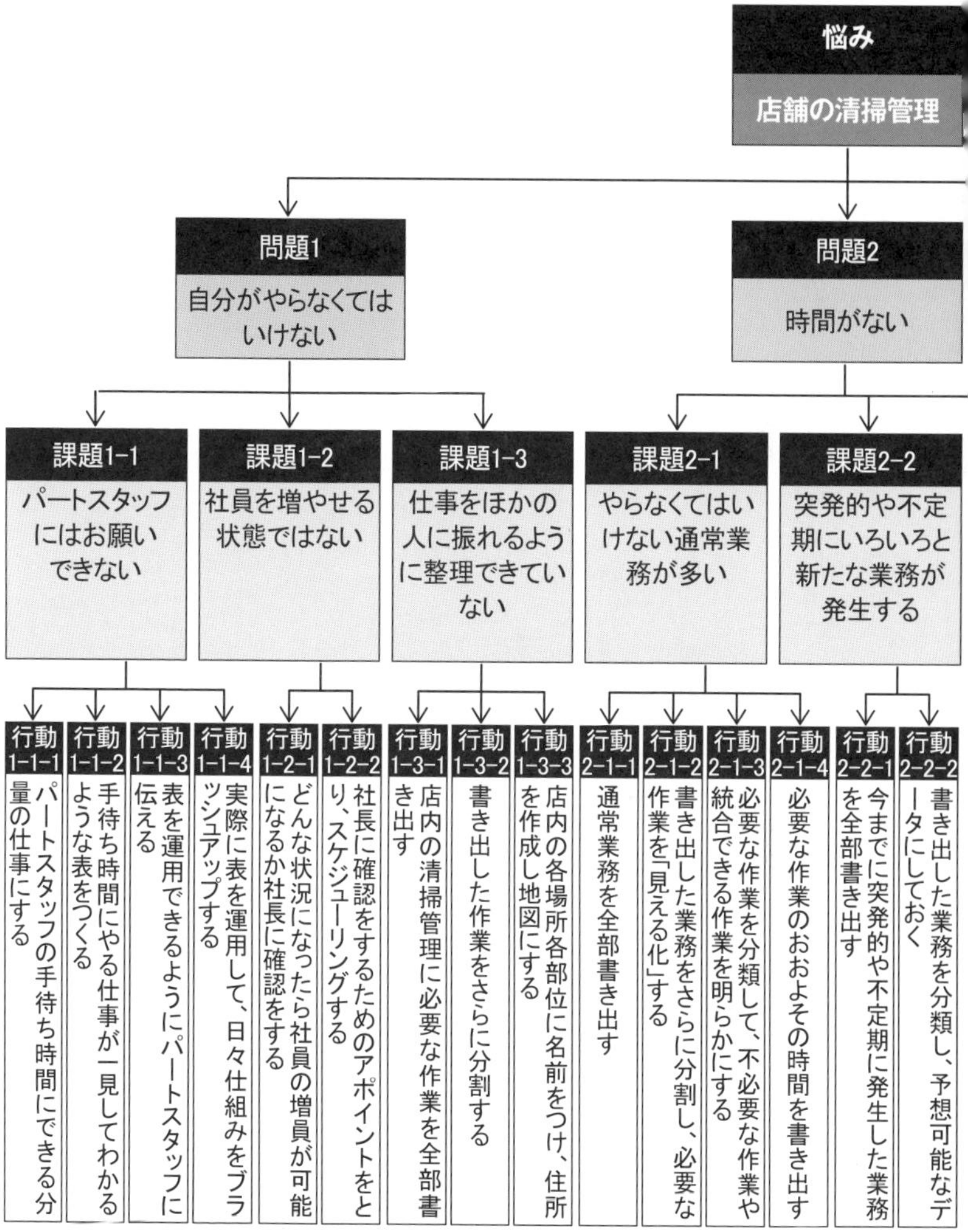

図3-8　実行可能な行動を「全出し」する

・行動3-3-1：プロに聞く

まだ何もやっていない状態ですから、判断するに十分なデータがなく、これで精一杯です。この3つ以外は、「できないもの」、「判断つかないもの」に振り分けて、分類が完了しました。

③再構築

解決までの工程と進捗をフォローする段取りを**決める**作業です。

店長Bさんの場合、解決までの工程がどうなるか、まだわからない状態でした。そのため、とりあえず「1カ月続けてみる」をゴールに定めました。

「再構築」して、店長Bさんが決めた行動は次の4つです。

・1日10分の清掃をする（日常清掃以外）

・やった清掃日時と内容箇所を記録する

・月1回の進捗の振り返りと予定作成
・次の振り返りの日のスケジューリング

こうして、店舗の清掃管理という問題解決に向けた第一歩が動き始めました。そして、続く「進捗支援」の段取りも決まりました。

セイケツ（整決）の手順を活用すれば、壁は越えられる

店長Bさんが実行した具体的な作業についてもお伝えしましょう。

Bさんは、日常清掃では手をつけられていなかった場所を、1日10分だけ清掃するようにしました。すると、店内は着実にきれいになっていきました。

ところが、ある時、大きな壁にぶつかります。それは、床の清掃です。

飲食店ということもあり、油による汚れは避けられません。毎日モップで清掃していましたが、それでも油汚れのせいで、お店の床面はまっ黒になっていました。

Bさんもなんとかしたいと考えていましたが、店内にはイスやテーブル、冷蔵庫や

植物などの備品が多く置かれています。そのため、床は清掃作業が大変であることが予想され、これまで手をつけられずにいたのです。

当初、Bさんの考えていた床の清掃方法は、「イスやテーブルなどの備品をいったん店外に出して、床に洗剤をまいてブラシをかけて洗浄する」という手順でした。

しかし、これを実行しようとすると、1～2時間の作業では済みません。お店の営業日には無理ですし、休店日にパートスタッフを集めて手伝ってもらうわけにもいきません。

業者に頼むのは1年に1回程度で、予算を考えると、今は頼みたくありません。「さて、どうしたものか……」と、店長Bさんは頭を抱えてしまいました。しかし、ここでも**セイケツ（整決）**の手順を活用して、この問題に向き合うことにしたのです。

1日10分の活動で、店舗はここまで変えられる

店長Bさんが決めたのが、「1日10分の時間の中でできる床清掃をする」ということでした。写真a～cをご覧ください。

写真 a

写真 b

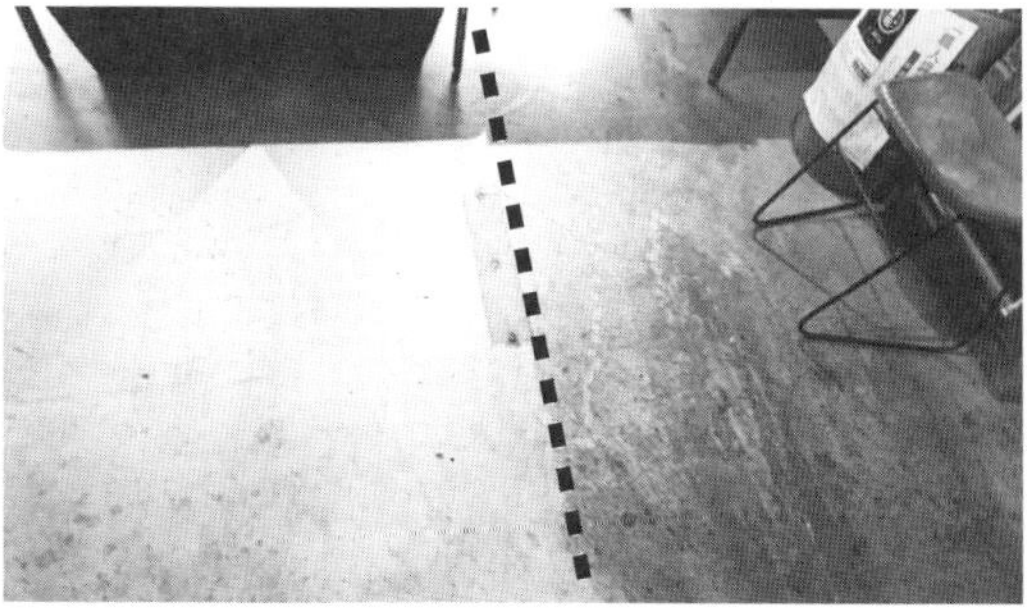

写真 c

これは、客席の床の同一箇所の変化です。aは、店長Bさんが作業をしている写真です。その日に作業する場所にテープで印をつけ、10分間だけ清掃します。

bは作業した場所の、ビフォー・アフター。清掃箇所がきれいになったことは、一目瞭然ですね。

そしてcは、この1日10分の床清掃を続けた数日後の店舗の床です。点線より右側がまだ清掃していない場所、左側が清掃を済ませた場所です。

最終的に、2~3週間で床は見違えるほどきれいになり、店長Bさんの床清掃の問題はすっかり解決されました。まさに「困難は分割せよ」を仕事に応用した結果といえるでしょう。

やることが明確になって、やってみた行動に納得感があれば、行動は続けられます。Bさんは、日々、床が確実にきれいに変化していく状況を面白がりながら、1日10分の活動を続けていました。そして、床全体がきれいになる瞬間を楽しみに感じていたといいます。

こうして「床がきれいではない」という「問題」は、1日10分間の清掃を続けて、最終的に床全面を清掃し終わったことで解決できたのです。

この原動力となったのは、10分でできる範囲の床清掃の方法を試して、その結果を体感できたこと。「これならいける」と思ったからです。困難を分割することの効能が腑《ふ》に落ちた瞬間です。

このようにしてBさんは、「問題」を分割し、そこから見えた解決のための「行動」に1つひとつ取り組んできました。その結果、店舗の清掃管理の悩みは1年後には完全に解消し、店舗の美観は飲食業ではありえないほどきれいに維持管理できるようになったのです。

ちなみに、この事例では、分割した「行動」を全部やり切ったから問題が解決したわけではありません。

実際には、店舗がきれいになっていく過程で、社員を増員できる環境にもなり、やらずに済んだ「行動」もありました。

また、まだ手をつけていない「行動」もいくつもあります。それでも「行動」を続けることでどんどんと変化が起きて、問題は解決に向かっていくのです。

Bさんが、「これって、清掃以外のどんな仕事でも同じことですよね。ほかの仕事にも応用してみます」と話してくれたことが印象的でした。

セイケツ（整決）を仕事に応用するイメージはわきましたか？ 店長Bさんの事例で**セイケツ（整決）**がおわかりいただけたら、さあ、次はあなたの番です。

第 4 章

セイケツ（整決）を応用する

1. セイケツ（整決）を業務に落とし込む

これまでお伝えしてきた**セイケツ（整決）**の趣旨をまとめましょう。

仕事の**詰まり**を発生させる原因は【決められない病】。それは、「決めたことが決めたとおりに実現しない」という状態を、今まで放置してきた組織風土や業務習慣が引き起こしたものです。

この症状の改善には、決めたことが決めたとおりに実現するよう、「決め方を整える＝**セイケツ（整決）**」が求められます。**セイケツ（整決）**で必要になるのは、「決断」ではなく「**決める**」です。

あなたやチームが抱える悩みは「困難を分割」し、実現可能な行動にします。ここで**セイケツ（整決）**の手順である「①全出し→②分類→③再構築→④進捗支援」を行います。

セイケツ（整決）によって【決められない病】を改善できると、組織のメンバーがお互いに信頼できる環境が生まれます。お互いに信頼できる環境を継続し、質を高めていくことで、さまざまな無駄な業務をなくしていけます。

信頼の力によって無駄な業務がなくなると、組織は速度を速め、正確性を高め、前に進む力を強くします。

ここまでを踏まえて、本章では「**セイケツ（整決）**を実際の業務に落とし込む」というテーマで、シチュエーションに応じた**セイケツ（整決）**の活用法をお伝えしていきましょう。

2. 時間のセイケツ（整決）

日本人は時間を守らない

上司やリーダーとして仕事の**詰まり**を解消し、組織を機能させるために、最も重要で、最初に取り組んでいただきたいのが「**時間のセイケツ（整決）**」です。

私たち日本人は「時間を守る」と思われていますが、実態は違います。日本人は時間を守りません。日本人が守るのは、始まる時間だけなのです。

あなたや、あなたの周りにもいませんか？ 始まる時間についてはうるさいくせに、終わる時間には無関心な人。遅刻をすると鬼の首でも取ったかのように責め立てるのに、仕事が終わらず残業するのは気にしない人。

上司やリーダーが「時間を大切に」、「時間を守ろう」と言いつつ、仕事や会議の終わり時間には無頓着な状態だと、言行不一致と判断されてしまいます。それでは部下やチームのメンバーからの信頼は得られません。

また、「時間を効率的に機能させる」ことを意識していない人もたくさんいます。

例えば、会議。開始時刻を厳守する人は多いものの、どれくらいの時間を使って、何を、どこまで**決める**のかを考えていないケースが多いようです。話が脇道に逸れて一向に進まなかったり、終了予定時刻を大幅に過ぎてしまったりするのは、日本の組織にありがちです。

これらは時間の価値を知らないことの表れです。自分の時間を他人に無駄に使われて喜ぶ人はいません。自分の時間も他人の時間も雑に取り扱う人は、上司やリーダーとして信頼されることはないでしょう。

「時間を取り扱う」とは

チームのメンバーにモヤモヤとした気持ちを抱かせ、仕事の**詰まり**を発生させる原因の1つが、上司やリーダーの時間の取り扱い方です。

チームの生産性やメンバーのモチベーションなどの組織の問題のほとんどは、上司やリーダーの時間の取り扱い方に原因があります。言い換えると、組織の問題を解決するのは時間の取り扱い方だといっても過言ではありません。

上司やリーダーの仕事は「時間の取り扱いが100%」といってもいいほど重要なのに、これができている人は案外少ないものです。**時間のセイケツ（整決）**に取り組むことで、リーダーとしての仕事が格段にやりやすくなるでしょう。

あなたは時間の取り扱い方を考えて過ごしていますか？　時間の取り扱い方とは、

私たちが幼いころからよく聞かされてきた「時間を守る」とは、少し違います。時間の取り扱い方とは、決めたことが決めたとおりに実現するように、時間をデザインして使うことをいいます。

時間を取り扱うとき、私たちが動かせるものは、時間の「目的」、「量」、「質」の3つしかありません。

「時間の目的」とは、時間を何のために使用するのかを設定することです。目的に向かうまでの時間の使い道を明確にします。

「時間の量」とは、物事が進行する際に経過する時間の大きさや長さを示すものです。通常、秒、分、時、日、週、月、年などの単位で測定され、世界共通です。

「時間の質」とは、何のために時間を使うかという目的に対して、どれだけ進捗があったのかを指します。

まとめると、時間を取り扱うとは「時間の〝目的〟を決め、そのために使う時間の〝量〟を**決める**」ということです。

「時間の質」を取り扱えるようになるのは、その先です。「時間の質」は、「時間の目的」と「時間の量」を決めて、運用回数を重ねることで見えてきます。経験値を積み重ねることで、質のコントロールが可能になるのです。「時間の質」がコントロールできるようになると、「時間の量」を**決める**精度が高まります。

逆に、時間を取り扱う際に絶対にできないこともあります。それは、「時間を止める」や「時間を巻き戻す」こと。時間の流れは一方通行で、決して逆戻りはできません。「そんなことは当然だ。言われなくてもわかっている」と思うかもしれませんが、これが意外と理解できていないのです。

例えば、メンバーが失敗した際に「誰のせいなんだ！」と、過去のことに対して怒ってしまうリーダーは、時間は巻き戻せないという認識がないと考えていいでしょう。

私たちが改めて理解しておくべきは、「終わった後にできることはない」ということです。つまり、「終わる前にできることをする」、「失敗をしたときは、すべてを糧（データ）にして前に進むのみ」が大事だと、肝に銘じておきましょう。

時間の質を高める方法

時間を取り扱うとは「時間の〝目的〟を決め、そのために使う時間の〝量〟を**決める**」ことだとお伝えしました。そうやって決めた時間は、その質が高ければ高いほど、関わった人の達成感や満足度が高くなります。

ここでは、時間の質を高めるために、どのように目的と量を決めたらよいかを考えていきましょう。

・「時間の目的」の決め方

1つの時間に達成する目的を、1つに絞る

第3章で「全出し」を行ううえで、守っていただきたい注意点として、「時間を守る」を挙げました。制限時間を5分とし、この時間は全出しに集中すること、そして終了時間を厳守することを説明しました。

これは、「5分間」という1つの時間に達成する目的を、「全出し」1つに絞るということです。5分間で行うのは「全出し」のみ、と決めておかないと、答えを求めて

議論が始まってしまうなど、「全出し」の時間がないがしろにされてしまいます。
こうなったら、この時間の意味は失われたのも同然。時間の質は手に入りません。

•「時間の量」の決め方

短く区切りをつけて、その都度検討

リミットまでの時間を細かく区切って、その都度報告やミーティングを行い、次の区切りまでの進め方を検討していく時間の使い方です。

例えば、60分を60分として使うよりも、「15分×3回+余白15分」、または「10分×5回+余白10分」として使った方が、断然、60分の「質」は高まります。

時間の取り扱い方をセイケツ（整決）してみる

ちょっとここで、シミュレーションしてみましょう。あなたはチームのリーダーとして、メンバーと一緒に「業務の課題」をテーマに、**セイケツ（整決）**に取り組むところです。

リーダーの役割は、進行役兼タイムキーパーです。あなたはメンバーに、①全出し、②分類、③再構築のやり方を説明し、各手順にかける時間がしっかりと機能するように、タイムキーパー役に徹してください。時間が有効に機能するか、無駄な時間になるかは、タイムキーパーの技術次第です。

ケース1では、時間の量として、60分を60分として使います。一方、ケース2では、60分を「15分×3回＋余白15分」として使います。

〔ケース1〕60分を60分で使う場合

進行役（リーダー）「今日はこの60分で、◯◯の課題の解決策を考えます。作業は、①全出し、②分類、③再構築、の手順で進めます。まずは、①全出しから始めます」

（メンバーの作業時間）

進行役（リーダー）「そろそろいいですか？　次は、②分類します」

（メンバーの作業時間）

進行役（リーダー）「分類はできましたか？　最後に、それを行動に③再構築していきます」
（メンバーの作業時間）
進行役（リーダー）「まとまりましたか？　それでは、まとまった内容を発表してください」

イメージできましたでしょうか。60分を60分で使う場合、次のような結果になることが想像されます。

①声が大きい人に依存する

60分を区切らずに使うと、時間が経過するにつれて、「リーダーシップが得意な人」、「声が大きい人」、「立場が上の人」の意見が、場を支配するようになります。声が小さい人は、発言したり態度を明らかにしたりすることを諦め、こうした人たちの言うことにただ従うことを選択します。

その結果、導き出される策も、現場の需要に応えるものではなく、場を支配する人の都合や思い込みを強く反映したものになりがちです。

このような60分で決まった策は、声が小さい人にとっては他人事、やらされ事です。策の実行に積極的に関わることもありません。それは、「積極的に発言し、場を支配した人が責任を負えばいい」という依存的な姿勢です。こうした姿勢が常態化すると、組織力を高める妨げになります。

②話や作業の焦点があやふやになる

60分を区切らずに使うと、話や作業の焦点が定まらず迷走してしまい、終了間際に帳尻だけ合わせるような時間になりがちです。あなたも、「これ、なんの会議だったっけ？」というような状態に陥った経験はありませんか？

自分の時間を納得感や満足感のないものに消費されてしまうと、不満・不信の原因になります。つまり、お互いの信頼を損ねてしまうことになるのです。

③修正するタイミングがないまま終わる

60分を区切らずに使うと、途中で効率が悪かったり、手持ち無沙汰な人がいたり、何かが違うと感じたりしても、そのまま時間が経過してしまいます。違和感を覚えたポイントも、修正できないまま次の機会まで持ち越しです。多くの場合、次の機会というのは1週間後、もしかしたら1年後かもしれません。それは、せっかく気づいた修正ポイントが忘れられてしまうのに十分な時間です。

そうして結局修正されることのないまま、非効率で納得感のない会議や作業が繰り返されることになってしまいがちです。

④時間の取り扱いが不得手な人に60分は荷が重い

時間の取り扱いが不得手な人とは、言い換えると、時間をなんとなく使う人です。会議にしろ、作業にしろ、60分後に納得感のあるゴールに着地させるには、いくつかの段取りや手順があります。その段取りや手順に適切な時間を配分し、配分に沿って会議や作業を進めるには、技術が必須です。

5分、10分、15分といった時間感覚がなく、なんとなく時間を使う人に、60分という時間を有効に機能させることは不可能です。

⑤集中力が続かない

大人でも、集中力が続く時間は約25分から50分程度だそうです。これは「ポモドーロ・テクニック」として知られる時間管理法にも活用されている知見です。このテクニックでは、25分間集中して作業を行った後、5分間の休憩をとります。これを繰り返すことで、効率的に集中力を維持することができます。

50分は集中できるといっても、ずっと集中できているわけではありません。大体15分程度集中すると、いったん集中が切れます。そして、15分程度集中して、また切れる。それの繰り返しだそうです。

集中力維持の観点から考えると、60分一区切りは非効率であることがわかりますね。

〔ケース2〕60分を15分×3回＋余白15分で使う場合

(余白時間3分での会話)

進行役（上司）「今日はこの60分で、○○の課題の解決策を考えます。作業は、①全出し、②分類、③再構築、の手順で進めます。まずは、①全出し15分です。よーい、始め」

（メンバーの作業時間15分）

進行役（上司）「10分経過しました。残り5分です」

進行役（上司）「残り1分……はい、終了です」

（余白時間3分での会話）

進行役（上司）「進み具合はどうですか？　何か気になることはありますか？」

メンバーA「自分が気づかないところに問題点があったことがわかりました」

進行役（上司）「次は、②分類、15分です。よーい、始め」

（メンバーの作業時間15分）

進行役（上司）「残り1分……はい、終了です」

（余白時間3分）

進行役（上司）「どうですか？　何か気になることはありますか？」

メンバーB「今まで手をつけられなかったところが、進められそうだとわかってよかったです」

進行役（上司）「最後に、それを行動に③再構築していきます。15分です。よーい、始め」

（メンバーの作業時間15分）

進行役（上司）「残り1分……はい、終了です」

（余白時間6分）

進行役（上司）「それでは、まとまった内容を発表してください。メンバーそれぞれ、今日の時間について一言発表してください」

メンバーC「やるべきことがはっきりしてきてよかったです。うまくいくように段取りを考えていきたいです」

進行役（上司）「時間になりましたので、これで終了します」

イメージできましたでしょうか。60分を15分×3回＋余白15分で使う場合、次のような結果が期待できます。

①段取りよく、スピーディーに進む

「全出し」に取り組み始める当初は、進行役も参加者も慣れていません。そのため、余白時間に終了した15分の振り返りと、次の15分の見込みを共有することで、参加者が次の15分を有効に機能させることができるようになります。

②参加者のモチベーションが上がる

また、余白時間を使って「どうですか？　何か気になることはありますか？」などと進行役が問いかけることで、参加者からアウトプットが出しやすい雰囲気が醸成されていきます。これにより、参加者の納得感、満足感、モチベーション、当事者意識が格段に高まります。

余白時間の使い方に慣れてきたら、60分を「10分×４回＋余白時間20分」で使うと、さらに濃い60分になります。

このほか、60分を「10分×５回＋余白10分」で使うと、「現場下見10分」、「全出し10分」、「分類10分」、「再構築10分×２回」、「余白10分」など、より時間の使い方の精度が高くなるでしょう。

最初からうまくはいきませんが、気づいたことを修正しながら進んでいくと、どこかのタイミングで、チームの時間の取り扱い方が機能していく手ごたえが得られるようになっていきます。

ただ、誤解がないように申し上げておくと、優れた解決策が出せたことによってチームに良い変化が生じるわけではありません。「時間をこのように取り扱った」という事実が、チームの在り方を変えるきっかけとなるのです。

「時間の質」を高めるカギは上司やリーダーの言葉

「時間の質」を高める時間の取り扱い方が理解できたら、上司やリーダーであるあなたは、日常の仕事現場でどのように応用したらよいのでしょうか。時間の取り扱い方をメンバーに説明しただけで、事態は前進すると思いますか？ おそらく、それでは何も変わらないでしょう。

上司やリーダーとして、チームの「時間の質」を高めるためには、上司やリーダーの言葉にも、時間の取り扱い方を反映させる必要があります。メンバーに声をかけるときは、次のようなことを意識してみてください。

- 終わった後にできることはない。終わる前にできることをする。
- 失敗をしたときは、すべてを糧（データ）にして前に進むのみ。
- 「時間の目的」を決め、そのために使う「時間の量」を**決める**。
- 上司は進行役。期限までに目標を達成できるように進捗を支援する。

これらは、「時間の質」を高めるためのポイントです。使う場面に応じて、言葉に反映させて伝えることが重要になります。

1つ例を挙げて考えてみましょう。仕事現場で一般的な時間の取り扱い方に、「期限を定めて目標の達成を約束する」というものがあります。「今月末までに売上金額○円」などです。

では、定められた期限がある中で、上司やリーダーとして、担当者であるメンバーにどのような言葉をかけるのが効果的でしょうか。

〔チームにとってマイナスとなる声がけ〕

締め切り期限当日に、担当メンバーに声をかける。

リーダー「あの案件の締め切りは今日だけど、できているよね?」
メンバー「すみません、90%は完了しましたが、残り10%が終わっていません」
リーダー「なんで? 間に合わないなら、先に報告してくれないと困るよ」

期限がきてからできることはありません。また、失敗(目標未達)の場合、担当メンバーを責めるのではなく、それを糧に前に進みましょう。この結果を招いたのは、上司として時間の取り扱い方を間違っていることが真の原因です。

〔チームにとってプラスとなる声がけ〕

締め切り期限1週間前に、担当メンバーに声をかける。

リーダー「あの案件の進捗はどう? 手助けが必要なことはある?」

メンバー「現状進捗は70％です。もしかしたら、間に合わなくなることも考えられます」
リーダー「それじゃ、間に合うように工程を見直してみよう。相談に乗るよ」

上司は進行役であり、進捗を支援するのが仕事です。期限の前にあらかじめこうした声がけができていたら、案件の進捗も、メンバーのモチベーションも、上司の信頼も、すべてがプラスになります。

もちろん、こうした言葉は咄嗟《とっさ》に出てくるものではありません。あらかじめセリフを準備しておいたり、練習を積んだりすることが必要です。面倒に思うかもしれませんが、こうした小さな積み重ねが効果を生むものです。やった分の効果は保証します。

明日からできる！「時間の質」を高める言葉

仕事上のあらゆる場面で「時間の質」を高める言葉を取り入れていきたいところで

すが、なかなかすぐには実現できないかもしれません。そこで、まずは、時間の始めと終わりに使う言葉から実践していきましょう。

目的地が見えないと、人間は不安やストレスを感じます。その不安とストレスによって、メンバーのモチベーションの低下や不満が生じます。目的地やゴールを明確にすることは組織やチームにとって、とても大事なポイントです。

これを時間の取り扱い方に当てはめると、目的地は「終わりの時間」です。上司やリーダーとして「時間の質」を高めるためには、終わりの時間を決めて、守ることが第一歩です。そして、終わりの時間を決めて、守ることを実現するために、いくつかのセリフを前もって準備しておきましょう。

ここでは、会議における始め、途中、終わりの言葉を例に挙げてみましょう。

①時間の始めの言葉　~終わり時間の宣言をする

「これから15分間ミーティングを行います。今13時なので、13時15分までです。それでは始めます」

②途中の言葉　～進捗を確認する

「あと5分です。そろそろまとめていってください」

③終わりの言葉　～終了を宣言して未決の事態に対処する

〔時間内にまとまった場合〕

「はい、終了です。ありがとうございました」

〔時間内にまとまらなかった場合〕

「はい、仕掛かり途中のこともありますが、いったんこれで終了します。ありがとうございました。仕掛かり途中の件に関係のない人は、仕事に戻っていただいて結構です。〇〇さんと△△さんは、5分ほどよろしいですか？（次の仕事があるなら）本日何時なら、5分の打ち合わせができそうですか？　それでは16時に5分だけお願いします」

今まで時間の案内をしている人にとっては、当たり前すぎて拍子抜けする内容かもしれませんね。しかし、もし今までやってこなかったなら、明日の朝からぜひ取り組んでみてください。

また、あなたはメンバーに仕事を任せる際、締め切りだけを伝えていませんか？もし、これまで締め切りしか伝えてこなかったならば、これからは締め切りまでの時間を細かく区切り、報告やミーティングのタイミングまで決めて、伝えてみてください。

繰り返しとなりますが、上司やリーダーの役割は、締め切りまでに仕事が終わるように進捗支援をすることです。進捗支援をするときに、時間を細かく区切ったことが活きてきます。

最初は気恥ずかしいかもしれません。意味がわからないかもしれません。それでも、「やる」と決めてください。これは、１００％できる行動です。あなたが「やる」と決めたことを決めたとおりにやることで、「時間の質」を高める言葉が自然と発せられるようになるでしょう。

時間の価値を知っている人は、相手にも時間があることをわかっていて、相手の時間も大切にできる人です。これができるかできないかで、上司やリーダーとしてのあなたの信頼度が決まります。

時間の**セイケツ（整決）**は、組織やチームへの信頼と規律を整え、メンバーの自発性も育みます。同時に、時間をコントロールできると、あなた自身も上司やリーダーとして自信と余裕が持てるようになります。ぜひ試してみてください。

3. 会議のセイケツ（整決）

何のために会議をするのか？

「ウチの社員は、会議をしても誰も発言しない」という話をよく聞かされます。経営者が社員の積極性のなさを嘆く気持ちは、よくわかります。

しかし、この問題の原因は積極性ではありません。社員にとって、会議で自分の意見を明らかにすることに、危険を感じているのです。

会議で勇気を出して発した意見を、一刀両断されたことがあったかもしれません。意見を発したことで、その後、立場が危うくなったことがあったかもしれません。

これまでのキャリアのどこかで、そのような体験をすると、あるいはそのような体験をした人を目の当たりにしたら、二度と会議で発言しようとは思わなくなります。その危険が取り除かれない限り、社員が会議で進んで発言することはありません。

もちろん、そうした空気の中でも発言できる社員もいます。それができるのは、発言しても立場を脅かされない確信があるか、いつかは辞める覚悟があるのか、そのいずれかです。

そもそも、どんな目的でメンバーに発言を求めているのでしょうか。メンバーの発言に問題解決や合意形成を期待しているのなら、それは的外れです。個々の発言がその期待に応えることはありません。必要なのは会議の発言ではなく、問題解決や合意形成に至る仕組みです。

一般的に、会議を行う主な目的は「情報共有」、「問題解決」、「意思決定」、「合意形成」のためです。ところが、私が経験した範囲では「情報共有」以外の目的で会議の目的が達成された現場に出合ったことがありません。

会議で「問題解決」ができた場面を見たことはなく、「意思決定」は、誰かが下した決定を受け入れる以外のケースを知りません。「合意形成」に至っては、上司やリーダーの言うことに従わせているだけです。

一般的な意味での会議は、そもそもその目的を達成するようには機能しないのです。無駄というよりは、むしろ仕事の**詰まり**を発生させる原因といってもよいくらいです。

あなたのチームを振り返ってみてください。仕事で実績をつくることができたのは、日々の仕事がそれなりにこなせているのは、会議のおかげでしょうか？

きっと、そうではありませんよね。誰かがやらざるをえない状況で判断して行動してきたことの積み重ねが実績をつくり、それが慣習的に「チームのやり方」として定着した結果、日々の仕事が回っているのではないでしょうか。

それが悪いとは思いません。しかし、現状を超えてさらに成長発展していきたいというのが、会議をする側の本来の意図なのではないでしょうか。

会議をするならば、何のための会議なのか目的を明確にして、その目的が果たせるように行いませんか。そうでなければ、参加するメンバーにとっては時間を奪い取られるだけです。会議は不満の種になり、上司やリーダーへの信頼と仕事へのモチベーションを失う場になるだけです。

経営者にとっては、「人件費×参加人数」、「本業に使えたはずの時間×参加人数」、「本業に使えば得られていたはずの成果」を費やす事業が会議です。それにもかかわらず、その対価が組織にとってマイナスのものであるなら、踏んだり蹴ったりです。

会議の目的を明確にすることについて、もう少し詳しく説明しましょう。会議の目的が「情報共有」ならば、どの情報が、どの範囲まで共有されることが必要なのかを明確にしなければなりません。そして、定めた目的がそのとおりに実現するように準備段取りをしたうえで、会議を招集するのです。

会議の目的が「問題解決」、「意思決定」、「合意形成」、である場合も同様です。目的を明確にしたら、準備段取りをしてから会議に臨み、会議の時間は目的を遂行することに集中するのです。

話し合えば解決できるのか

私たちは、「よく話し合って**決める**」というフレーズを口にしがちです。しかし、「よく話し合って決まった」ことはありますか？　むしろ、言ったことが言ったとおりに実現しない言葉の典型的な例ではないでしょうか。

そもそも、私たちは話し合いで**決める**技術を身につけているのでしょうか？　実際には、私たちは「話し合いで**決める**」なんて、やったこともなければ、できたためしもないはずです。私の経験では、話し合おうとすればするほど、対立が深まり泥沼状態になっていく事態の方をよく見かけますが、いかがですか？

「話し合って**決める**」が成立するには、条件があります。話し合いに臨む双方が、話し合って合意形成に至る技術を備えており、さらに話し合いで解決する意思を共有している場合のみ、成立するのです。

ところが、多くの場合、話し合いで解決する意思はあっても、話し合いで合意形成をする技術は身につけていません。それでは、話し合いをもって問題解決の手段とするには無理があります。会議において、話し合いをすることは時間の無駄なのです。

脱・話し合いのススメ

私たちは、話し合いは問題解決のためと思い込んでいます。決定権者同士の話し合いならば、問題解決に向けて機能するでしょう。しかし、組織における話し合いは、そうはいきません。

組織の中で行われる話し合いは、「誰の意見に従うかを**決める**手順」であることがほとんどです。話し合いの目的は問題解決ではなく、上か下かの序列の確認作業。意思決定は、己が立場の優位を示す作業であり、合意形成は、意思決定に従うのかどうかの確認作業でしかありません。

例えばそれは、次のようなやりとりに表れます。

上司「A案とB案、どちらがいいと思いますか？」
部下「B案の方がいいと思います」
上司「私はA案がいいと思うな。皆さんは、どうかな？」
部下「……」

これは話し合いの体裁を借りた、上司の立場の保全作業です。部下が「A案に反対をしたら上司の顔がつぶれるかも」と忖度《そんたく》したり、上司が「B案に賛成するなんて、裏切りだ」と憤慨したりするならば、話し合いで問題を解決できることなんてありません。

「上司が賛成している策だから」などと、人と事柄を分離できないならば、話し合いをしたところで生産的な合意形成はありえません。それならばいっそのこと、話し合いなどやめてしまいましょう。

話し合いの目的が問題解決ならば、A案とB案を分析して、上司も部下も「やってみたい」と思えるC案という新たな解決策を導き出すことが、さしあたってのゴールです。どのような手立てを講じたら、組織の目標達成に最適なのか——その進捗にだけ注目すれば、おのずと合意に至ります。

上司のあなたが「なんでも話し合いましょう」などと口にするのは、悪手中の悪手です。自分自身を守る意味でも「脱・話し合い」を実践されることをおすすめします。

会議のセイケツ（整決）の手順

「会議＝話し合い」ではありません。話し合いをしなくても会議を成立させることはできます。話し合いの技術を持たない私たちには、その方が会議の生産性を著しく向上させることができるのです。

前述した時間の**セイケツ（整決）**と同じく、会議にも**セイケツ（整決）**の手順を応用することができます。どのような議題に対しても、基本的には同じように対処をしていきます。

会議のセイケツ（整決）の手順

①全出し　今抱えている問題を全部書き出す
②分類　情報（データ）を大まかにまとめて、できる行動を可視化する
③再構築　解決までの工程と進捗をフォローする段取りを**決める**
④進捗支援　決めたことが決めたとおりになるように支援する

時間配分や伝え方は、時間の**セイケツ**（**整決**）と同じです（143ページ参照）。

会議の内容よりも、時間の進行を優先させてください。

続いて、各手順の詳しい説明をしていきましょう。

①全出しの方法
〔用意するもの〕
付せん、ストップウオッチ、タイムキーパー役

〔手順〕
1　会議の進行役（上司やリーダー）が、会議の目的（解決したい問題）を提示する。
2　進行役が「全出し」のルールを説明する。
「○○（会議の目的）について、解決するには何をしたらよいか、付せん1枚につき1つの回答を書いてください。○○（会議の目的）について普段思っていること、

ネガティブなこと、些細なことなども大切なデータなので、とにかく書き出してみてください」

「時間は5分。足りないようならば、さらに5分追加します。それでは始めます。よーい、スタート」

3　進行役は、終わりの時間を守れるように時間を管理する。
「5分経過しました。終了です。全部書き出せましたか？　まだ、時間が足りないという人はいますか？　いないようなので、次に進みます」

②分類の方法
〔用意するもの〕
A3用紙　数枚

〔手順〕

1　進行役が「分類」のルールを説明する。

「Aさんから順に、付せんに書いた内容を1枚ずつ発表してください。発表した付せんは、A3用紙に貼り付けていってください。Aさんが発表した内容と同様の内容を書いた人は、Aさんの付せんの下に、自分の書いた付せんを『私も』と言いながら貼っていってください」

「時間は5分。足りないようならば、さらに5分追加します。それではAさんから発表をお願いします」

2　進行役は、終わりの時間を守れるように時間を管理する。

「Aさんの次はBさんお願いします。Bさんが終わったら順次Cさん、Dさん……と進めていってください」

「全員の発表が終わりましたね？　5分経過していませんが、終了です。次に進みます」

「分類」が終わると、用意したA3用紙に付せんが貼ってある状態になります。付せんは、何枚かの付せんが重なっているものと、1枚だけのものが分かれて貼られています。会議の目的（解決したい問題）がいくつかの課題に分割できていれば十分です。

③再構築の方法

〔用意するもの〕

「分類」で使用したA3用紙、新しいA3用紙 数枚、付せん

〔手順〕

1　進行役が「再構築」のルールを説明する。

「分類した課題の1つひとつをさらに分割して、実行可能な行動にしてから、時系列に並べ替えます」

「まずは、課題を1つ選びます。付せんを使って、課題解決のために必要な行動を

全出しします。時間は5分。足りないようならば、さらに5分追加します」

「次に分類です。最後に、分類した実行可能な行動を時系列に並べ替えてください。時系列に並べた1つひとつの行動に対して、『誰が』、『いつする』、『進捗を共有する方法』、『次のミーティングのタイミング』などを決めてください。後から進捗が確認できるように、細かく設定してください。例えば、A部長の判断が必要な場合であれば、『A部長の許可をとる』ではなく、『A部長の判断を仰ぐための打ち合わせのアポイントを、B課長が、5月10日中にA部長に確認する。それを受けたチームミーティングを5月15日の朝9時から予定する』というように設定してください」

「時間は5分。足りないようならば、さらに5分追加します。それでは始めます。よーい、スタート」

2 進行役は、終わりの時間を守れるように時間を管理する。必要に応じて、次のような言葉をかける。

「全出しは終わりましたか?」

「さらに5分必要なら言ってください」

「それでは次の5分で分類、再構築と進めてください」

「それでは始めます。よーい、スタート」

「終了です。再構築まで終わりましたか？」

3　進行役は、今後の進め方について説明する。

「再構築できて行動化した課題については、決めたことを実行してみてください。残った課題は、引き続き行動化をしてください」

「そのためのスケジュールを確保し、1回5分~15分で定期的に設定してください。加えて、決めた行動の進捗を確認する時間を、毎週5分確保してください。それが決められたら、本日の議題は終了です」

④進捗支援の方法

〔用意するもの〕

再構築したA3用紙、付せん

〔手順〕

1　進行役が開始のあいさつをする。

「これから進捗ミーティングを始めます。時間は5分の予定です。ただ今9時30分なので、9時35分までです。よろしくお願いいたします」

2　進行役が「進捗支援」のルールを説明する。

「Aさんから順番に進捗の報告をお願いします。報告の際には、何を目的に行動を予定していて、その行動がどこまで進捗しているか、また、次回のミーティングまでにどこまで進捗予定なのかを報告してください」

「できていても、できていなくても、問題はありません。事実をそのまま報告することが重要です。意識してやってみてください。それではAさん、お願いします」

3　進行役は終了のあいさつをし、次回のスケジュールを確認する。

「これでミーティングを終了します。次回の予定は○月○日○○時です。それでは解散」

第3章で、金属加工業A社の改善プロジェクトの事例を紹介しました。プロジェクトを進めるうえで必要なミーティングは、基本的に5分間だけで十分に結果が出せています。合意形成までの仕組みを整えることができたならば、会議や打ち合わせはたった5分で構わないのです。

会議のセイケツ（整決）のメリット

会議の**セイケツ（整決）**は、経営者・上司・リーダー側、社員・メンバー側の双方に次のようなメリットがあります。

経営者・上司・リーダー側のメリット

・現状の問題課題の全体を網羅して把握できる
・話し合いではなく、書くことで、全員から意見が集められる
・上司やリーダーは時間をナビゲートするだけなので、議論を引っ張る必要がない
・1人ひとり意見を聞く手間がないので、時間の無駄がない
・課題の解決策が全員の目の前でまとまるので、共有のための時間が必要ない
・話し合いでありがちな、余計な対立や感情のもつれがない
・解決策を、上司に「言われたから」ではなく、メンバーが主体的に決められる
・**セイケツ（整決）**の手順を使えば、誰でも同じように決められる
・上司やリーダーが発言によって信頼を失うリスクが少ない
・隠れていた人材が浮かび上がってくる
・上司やリーダーは進捗支援をするだけなので、仕事が減らせる

社員・メンバー側のメリット

・メンバーの全員参加が可能
・発言する恐怖やリスクがないので、意見を表明しやすい
・会議の進行に参加しやすく、チームの問題や課題の解決が自分事になる
・自分の意見を無視されたり、雑に扱われたりすることがない
・ネガティブや些細な意見を出しても、プラスの結果に変えることができる
・話し合いが苦手でも、合意形成まで至ることができる
・自分たちで事態を改善し、仕事を進められるようになる
・進捗支援することで、成長や変化を実感できるので、仕事が面白くなる
・作成した資料がそのまま議事録になるので、無駄がない
・短時間で必要なやりとりが可能なため、コミュニケーションの量も質も向上する
・経営者・上司・リーダーとのやりとりの内容が明確に絞れるので、恐くなくなる
・決まったことは、ほぼ決まったとおりに実現するので、チームやメンバーを信頼できる

会議の**セイケツ（整決）**には、これだけのメリットがあるのです。

何が目的かわからない、ダラダラとして進まない、なかなか決められない……そうした会議は、仕事の**詰まり**の大きな発生原因といってもいいでしょう。

あなたの組織の会議では、1時間にいくつの決め事ができていますか？　1つや2つしか決め事ができない状態ならば、かなり重症です。即座に会議の**セイケツ（整決）**をおすすめします。

会議の**セイケツ（整決）**をすることで、1時間の会議ならば20～30個の決め事ができるようになるのですから。

どうしたら「決まったこと」になるのか

上司やリーダーとして会議の**セイケツ（整決）**に取り組む際に、ぜひ一度テーマとして取り上げていただきたいことがあります。それは、あなたの組織では「どうしたら〝決まったこと〟になるのか？」ということです。

前述したように、私はコンサルのときには「この組織では、どうしたら〝決まったこと〟になるのですか？」と尋ねるようにしています。多くの場合、明確な答えが返ってくることはありません。しかし、「どうしたら〝決まったこと〟になるのか」がわからないのに、決め事ができる方が不思議です。

この問いに対する答えをつくることは、組織の会議や合意形成を機能させるための重要な起点になります。ぜひ、取り組んでみることをおすすめします。

ちなみに、先の質問に対する1つの答えは「経営者のYES」です。特に、中小企業ではそれ以外の答えは存在しません。

上司やリーダーは、「経営者のYES」の責任の一部を分担するのが役割です。上司やリーダーとして、分担する責任の構造を正しく理解して、責任を果たせるようにしましょう。

大事なことは、「経営者のYES」に行きつくまでの場面で、メンバーの誰にでもわかるように対処方法が明示されているかどうか、ということです。さらに、リーダーもメンバーも対処方法を使いこなせるようになることで、組織の機能を有効に活用できるようになります。**セイケツ（整決）**は、そのために有効な技術といえます。

決めるときには、間違っても、メンバーによる多数決などの手段をとらないように。それは、リーダーの責任から逃げたも同然です。一瞬でリーダーとしての立場をなくします。

決めるのは、上司やリーダーの責任です。**セイケツ（整決）**の技術を使い、上司やリーダーとして「最後は自分が**決める**」ことに慣れていきましょう。

時間の**セイケツ（整決）**、会議の**セイケツ（整決）**ができたとき、あなたのチームの仕事の**詰まり**の9割は解消できていることでしょう。

4. 経営目標のセイケツ（整決）

目標とは

目標は、個人や組織が達成しようとする具体的な成果や、達成すべきことを指します。自分自身や組織を向上させ、進歩させるために設定するものです。

同じ目標を設定して取り組む場合でも、段取り次第で幸・不幸が明確に分かれます。

目標達成した後に、達成感を抱いて「もっとやりたい」と感じるか、達成感はあるものの「もうやりたくない」と感じるか、それが境目です。

幸せな仕事と不幸な仕事の境界線は、あなたや、あなたのチームが持続可能かどうかの境界線でもあります。設定した目標が、自分自身やチームを向上させ、進歩させるのか。それともメンバーからモチベーションを奪い、チームから活力を奪ってしまうのか。それは、あなたの目標の取り扱い方にかかっています。

では、どのように目標を決めればよいのでしょうか。今まで立てた目標が達成できていないとしたら、目標に対しても**セイケツ（整決）**を活用してください。

経営目標のセイケツ（整決）

経営目標を立てるのは、自社の究極目標である経営理念を実現すべく、途中の目標地点を明らかにするためです。

例えば、世界中の人を自社のサービスで幸せにしたいという高い目標に対して、そのためには5年後はここまでの姿、3年後は……、1年後は……と、それぞれ具体的に目標地点を明確にするのが経営目標です。

経営目標を**決める**ためによく使われるのが、SMARTの法則です。これはSpecific（具体的）、Measurable（測定可能）、Achievable（達成可能）、Relevant（関連性がある）、Time-bound（時間的制約がある）の5つの要素からなります。

要するに、具体的で達成可能な数値目標を設定し、進捗を「見える化」して、適切に進捗支援できる環境を整えることをいうのです。

立てた目標が達成できないという悩みはつきものです。そうならないためにも、経営目標に対して達成を目指す側、達成を支援する側、両者の役割を具体的に**決める**ことが必要になります。

そこで、経営目標を**決める**作業をする中で、SMARTの法則と**セイケツ（整決）**の手順を組み合わせて使っていただきたいのです。

経営目標をセイケツ（整決）する

①全出し

経営目標を**決める**うえで、今考えていること、必要な情報（データ）を全部書き出す。

②-1　分類

情報（データ）を大まかにまとめて、目標設定に必要な要素を可視化する。

②-2　（SMARTの法則に照らして）再度①全出し↓②分類

分類して可視化された要素に対して、1つひとつをSMARTの法則に照らし合わせながら「全出し」と「分類」をする。

例えば、「その要素を（測定可能）にするには？」、「（達成可能）にするには？」、「（関連性がある）ようにならないか？」、「それを（具体的）にするには？」、「（時間的制約がある）には妥当性があるか？」など。

このような切り口で、思いつくことや使える手段などを「全出し」し、「分類」する。

③再構築

経営目標の設定と進捗をフォローする段取りを**決める**。

④進捗支援

決めた目標が決めたとおりになるように支援する。

この手順を踏むことで、自分自身や組織を向上させ、進歩させる経営目標が決められるようになります。特に「全出し」を丁寧に行うと、その後に設定する目標は、目標達成までの視界が開けたものになることでしょう。それは、あなたにとってワクワクするものになること間違いありません。

その他の注意点は、第3章「**セイケツ（整決）**のやり方」より「2. 実現しない計画を立ててしまうのをやめる」の、決めたことが実現する計画を参照してください。

事業計画のセイケツ（整決）

経営目標達成のための具体的な手段をまとめたものが事業計画です。5年後はここまでの姿、3年後は……、1年後は……と、それぞれ具体的な目標地点にたどり着くための手段をさらに具体的に示します。

事業計画は、経営目標を達成するための戦略や目標、財務計画、マーケティング戦略、組織の構造、リソースの配分など、さまざまな要素を含みます。

それぞれに具体的で実行可能な行動計画と達成可能な数値目標を設定し、進捗を「見える化」します。進捗支援が適切にできる環境が整うように**決める**のです。そのため、ぜひ、ここでも**セイケツ（整決）**を活用してください。

①全出し

事業計画を**決める**うえで、今考えていること、必要な情報（データ）を全部書き出す。その際、経営目標の項目ごとに、経営目標を達成するための戦略や目標、財務計画、マーケティング戦略、組織の構造、リソースの配分などを細かくテーマ分けして「全出し」を行う。

②分類

テーマごとに「全出し」した情報（データ）を分類して、目標達成のために必要な手段や行動を可視化する。

③再構築

事業計画の設定と進捗をフォローする段取りを**決める**。

④進捗支援

決めた事業計画が決めたとおりに実現するように支援する。

細かいテーマごとに「全出し」と「分類」を行うことで、事業計画の全体像が今までよりもはっきりと見えてくる感触を味わえます。この感触が事業計画を決めたときに、未来に対するワクワク感につながっていくのです。

「これならばいける」という計画をつくるために、丁寧に**セイケツ**（**整決**）の手順を踏んで作業を進めていきましょう。

営業方針のセイケツ（整決）

営業方針は、事業計画の中の営業的な部分をさらに具体的にしたものです。売上高、粗利、販売数やシェアなどの定量的な目標設定と、それに伴うターゲットや顧客開拓、販売促進などの施策の目標設定をまとめたものになります。

要するに、営業チームや営業担当者の行動指針なのです。営業にかかわる施策、手順、工数、過去実績などあらゆるデータを「全出し」、「分類」、「再構築」することで、実現可能性のある有効な方針ができます。

上司やリーダーとして、求める結果を**決める**のではなく、結果が出るように進捗することを**決める**と、結果が変わります。

具体的には、「月末までに100万円の売り上げ実績をつくる」や「上半期に100件の新規契約を獲得する」などではなく、そうした目標を達成するために「30件のセールスアプローチをする」、「50回の商談を行う」と、**決める**のです。

もちろん、ここでも**セイケツ（整決）**を使っていきましょう。

①全出し

営業方針を**決める**うえで、お客様と成約をして商品・サービスなどを届けるまでの手順、工数、やりとりの質など、必要な情報（データ）を全部書き出す。

その際、売上高、粗利、販売数やシェアなど定量的な目標設定と、それに伴うターゲットや顧客開拓や販売促進などの施策の目標設定を細かくテーマ分けして「全出し」をする。

②分類

テーマごとに「全出し」した情報（データ）を分類して、営業方針に必要な手段や行動を可視化する。

③再構築

営業方針の設定と進捗をフォローする段取りを**決める**。

④進捗支援

決めた営業方針が決めたとおりに実現するように支援する。

繰り返しとなりますが、営業方針は営業チームや営業担当者の行動の指針です。そうした観点からも、**セイケツ（整決）**を使うと、組織の営業成績の向上のために何をしたらいいのか、誰にでもわかりやすく可視化されます。結果として、上司やリーダーとして組織をマネジメントするポイントが明確になるので、迷うこともなくなるのです。

経営目標のセイケツ（整決）まとめ

経営目標は、経営目標→事業計画→営業方針の順で決めていくわけですが、どの作業においても**セイケツ（整決）**を使うことをおすすめします。

経営目標を**決める**となると、通常ならば、考え、検討する内容が多岐にわたる膨大な作業になります。その点、**セイケツ（整決）**を活用すると、考え、検討する作業負担が著しく軽減できます。そのため、短時間で十分な質を満たした「経営目標」、「事業計画」、「営業方針」を決めていくことができるわけです。

また、決めたことを実現させることが、何よりも大切です。そのために必要なことは、完璧な経営目標をつくることではありません。決めた「経営目標」、「事業計画」、「営業方針」が、決めたとおりに実現するように進捗を支援することなのです。

したがって「経営目標」、「事業計画」、「営業方針」の中に、どのようなタイミングで、どのような頻度で、どのような方法で進捗の確認と支援を行うのかを、あらかじめ設定しておくとよいでしょう。これは「経営目標」、「事業計画」、「営業方針」を絵に描いた餅にしないために絶対に必要な作業です。

今まで、立てた目標が達成できていなかったとしたら、改めるべきはそこにあります。

改めてお伝えしましょう。経営目標を**セイケツ（整決）**する手順は、①全出し、②

分類、③再構築、④進捗支援、です。

特に、最後の「④進捗支援」が、「これならばいける」と感じられる目標計画になっているかどうかが、達成のカギとなります。そこを強く意識して経営目標を作成してみてください。きっと未来が変わります。

5. 幸せをつくるセイケツ（整決）

幸せをつくるとは

上司としてメンバーに指示・命令を出したり、リーダーシップを発揮してメンバーを引っ張ったりしていくことが苦手だと思っている方に、ぜひ参考にしていただきたいことがあります。それは「幸せをつくる」ということです。

「幸せ」は個人の価値観で、人それぞれ違うため、一概に定義するのは難しいところがありますが、一般的には、次の４つの要素がある状態というのが、私の持論です。

・良好な人間関係
・喜び、満足感、達成感、安心感などのポジティブな感情
・物質的な充実感
・成長

逆の視点から考えると、この４つの要素を整えることができれば、「幸せ」を感じられるといえます。

そして、この４つの要素はすべて仕事の現場にもあるものです。理想論かもしれませんが、仕事は本来「幸せ」と相性抜群で、環境を整えることができたら、働き手の誰もが仕事で「幸せ」を感じることができるのではないでしょうか。

上司やリーダーが「幸せをつくる」方法は、この４つの要素を**セイケツ（整決）**して行動を決め、それを実行すること。思ったより簡単です。

幸せは隠れている

リーダーシップを発揮するのが苦手だという方は、「上司やリーダーは、圧（パワー）を使ってメンバーをコントロールする必要がある」と思っていませんか？　そのような方法が向いている人であれば、上司やリーダーとしての振る舞いに悩むことは少ないのかもしれません。

しかし、圧を使うのも使われるのも好きではない人にとっては、こうしたリーダーシップのとり方は苦痛そのもの。「管理職になんてなりたくない」と感じるのではないでしょうか。

でも、圧を使うことなくチームの信頼を構築し、目標を達成する方法があったらいかがでしょう？　圧を使うことも、メンバーから嫌われるのを恐れることも、組織をまとめる難しさに悩むこともなくなるのです。これが、上司やリーダーとして「幸せをつくる」ことであり、チームを機能させる方法です。

「幸せをつくる」と言われても、ピンとこない方が多いかもしれません。圧を使ってメンバーをコントロールするのが嫌いな人は、「幸せをつくる」ことに向いています。でも、まだ今は「幸せ」がどこにあって、どうしたらいいのかを知らないのかもしれません。

「幸せ」は、どこにあるのでしょうか。多くの人は、幸せは大きな目標を達成したときの対価だと思い込んでいます。「家族を幸せにしたい。そのためにはお金が必要。だから、まずは仕事で成功を目指します」といったように。

でも、果たして、それで幸せになれるのでしょうか？　仕事で成功すれば、お金は入るかもしれません。しかし、それは家族の幸せとは別の話ではないでしょうか。

「成功」という山の頂上に「幸せ」が待っているわけではありません。成功の山頂で感じるのは、達成感です。そして、頂上から見える景色は、別の山の頂上です。達成感は「幸せ」を感じる要素の1つですが、「幸せ」そのものではありません。「幸せ」は別の場所にあります。

「幸せ」は山の頂上ではなく、道中にあります。頂上を目指して進む道中に見るもの、起きる出来事の1つひとつの中に隠れています。例えば、「空気がきれい」、「景色が美しい」、「難所を乗り越えられた」、「すれ違う人とあいさつした」、「水がおいしい」……そうした瞬間の中にあるのです。

誰にでも幸せをつくることができる

「幸せ」が隠れている場所に気づけば幸せになれるのかというと、それだけでは不十分です。「幸せ」の在りかを発見したら、そこから「幸せ」を取り出して、味わうという作業が必要になってきます。

つまり、自ら「幸せ」に①気づいて、②取り出して、③味わう――こうした行動をとることが「幸せをつくる」なのです。

「空気がきれい」を例に、幸せをつくってみましょう。

①「幸せ」に気づく

発見する。

「街と空気が違うな？　ここは空気がきれいなのだな」

②「幸せ」を取り出す

気づいた事実を言葉にする。

「空気がきれいだね」

③「幸せ」を味わう

思ったことを言葉にして共有する。

「気持ちいいね。ここに来れてよかったよ」

イメージがわきましたか？　たったこれだけの作業で、隠れていた幸せが実体化するのです。

幸せの賞味期限は短い

「幸せ」は、一度手にすれば一生続くわけではありません。「幸せ」な気分でいられるのは、せいぜい次のイベントが発生するまでの間だけ。次から次といろいろなことが起きる忙しい日常の中では、ほんの一瞬の感情でしかありません。

また、感じる「幸せ」がどんなに大きかったとしても、幸せの賞味期限が延びるわけではありません。「幸せ」の大きさの大小にかかわらず、次の出来事までの短い間だけが賞味期限です。

「幸せ」な環境を実現しようと願うならば、それは1回の大きな「幸せ」を手にすることではなく、幸せな気分が切れ間なく、何度でも発生し続けることが必要です。上司やリーダーとして幸せな環境の維持継続に必要なのは、「幸せ」の大きさではなく、回数なのだと認識をしましょう。

「幸せ」な環境をつくれる人とは、賞味期限の短い「幸せ」をいつでもどこでもいくつでも生み出し続ける作業ができる人です。それはつまり、いつでも、どこでも、自ら「幸せ」に①気づいて、②取り出して、③味わう、というサイクルを上達させることです。

上司やリーダーとして幸せをつくる方法

先述したとおり、上司やリーダーが「幸せをつくる」ことでチームを有効に機能させる方法は、次の４つの要素を**セイケツ（整決）**して行動を決め、実行することです。

・良好な人間関係
・喜び、満足感、達成感、安心感などのポジティブな感情
・物質的な充実感
・成長

例えば、上司と部下の人間関係を「全出し」し、「分類」するとしましょう。取り組む課題は、大きく４つに分けられると思います。

①有言実行
「約束を守る」、「言ったことを言ったとおりに実現する」ことです。有言実行における注意点は、２つあります。

１つ目は、「言ったことは死んでも守れ！」ではなく、「お互いに途中で進捗を共有しながら、約束を守れるように調整する」ということです。場合によっては、「このままでは難しいので、予定を変更しよう」と、約束の内容を変えることもあります。

常に言ったことが言ったとおりに実現するように、お互いの予定を調整しながら事を進めていくと、良好な人間関係を築くことができます。

2つ目は、「できないことは約束しない・させない」です。私たちは期待値を約束してしまう傾向がありますが、それが約束を守れなくさせる原因です。期待値ではなく、実現の可能性を踏まえて約束をするようにしましょう。

②メンバーへの関心

メンバーの仕事の進捗に関心を持つということです。これは、「メンバーについてなんでも知っておく」ではないので、注意してください。

「メンバーの仕事がどこまで進んでいるか」、「メンバーが困っていないか」という点に常に関心を持ち、結果が出る前に進捗を支援しましょう。結果が出た後にほめても感謝しても「時すでに遅し」。結果が出る前から進捗支援した場合のみ、ほめたり感謝したりする行動が活きます。

③一貫性

「言ったこととやっていることが違う」、「話がころころ変わる」、「話している内容と態度が違う」といった一貫性のない行動をとらないことです。上司の言葉と行動に一貫性があると、メンバーは先を予想して安心して仕事を進められます。一貫性を維持できないと、組織やチームは簡単に機能不全に陥ります。

④上機嫌

不機嫌は、他者に対しての無言の攻撃です。上司の不機嫌は、もはやハラスメントといっていいでしょう。著しくメンバーのモチベーションを低下させます。

常に笑顔で上機嫌が理想ですが、上司が不機嫌でないだけでも、組織の幸福度は上がります。機嫌の波を表に出さないことは、上司やリーダーのマナーとして守っていきましょう。

続いて、ここで挙げた4つの課題それぞれについて、さらに「全出し」し、「分類」

して、行動化していきます。

例えば、「有言実行」について、さらに課題を「全出し」し、「分類」して、次のような具体的な行動を決めます。

- 毎日5分、必ず各メンバーの業務の進捗を確認する。
- 5分で業務の進捗を確認できるようなフォーマットを作成する。
- 進捗が一目でわかるような課題一覧、メモ、マップなどを作成する。
- メンバーと進捗確認のスケジュールを調整する。

各チームで取り巻く環境や状況は大きく異なるので、ぜひ一度、自身のチームで「上司やリーダーとして幸せをつくる」をテーマに**セイケツ（整決）**に取り組んでみてください。

一気に「幸せ」になると断言はできませんが、あなたや、チームのメンバーが〝仕事をしていて嫌な気分になることがない〟という環境を整えられると思います。それを実現できるだけでも、上司やリーダーとしてチームを有効に機能させているといえるのではないでしょうか。

チームの幸せをつくるのは「言い方」が9割

ここまでチームの「幸せ」について述べてきましたが、「幸せ」が生まれるかどうかは、上司やリーダーの言葉、つまり「言い方」がカギを握ります。

行動を**決める**際には、各場面でどんな言葉を選び、どんなニュアンスで伝えるかを慎重に選びましょう。ちょっとした語尾の上げ下げだけでも、相手が受け取る印象に差が生まれます。事態を好意的に進めるために、言葉を**決める**のです。

「幸せ」に①気づいて、②取り出して、③味わう、という「幸せをつくる」各行動において、上から評価するような言葉をかけるのはＮＧです。

①「幸せ」に気づく

進捗があった、行動した、変化した。

②「幸せ」を取り出す

事実を言葉にする。「進んだね」、「行動したね」、「変わったね」など。

③「幸せ」を味わう

感謝する。「ありがとう」、「助かったよ」、「良くなったね」など。

「よくやった」、「偉いぞ」、「やればできるじゃないか」、「私が言ったとおりだろ」などの言葉は、上から評価する声かけであり、部下やメンバーのモチベーションを下げてしまう可能性があります。

普段、あなたが意図せずに使っている言葉が、仕事の**詰まり**を発生させているかもしれません。リーダーとしての仕事の流れや、部下とのコミュニケーションが発生する場面を一度「全出し」してみてください。

各場面で自分が普段どんな言葉を使っているか、そして、それがどんな結果につながっているかを可視化してみましょう。各場面でどのように発言するかを再構築できると、上司やリーダーとしての仕事の質が変わるはずです。ここまでくれば、チームの「幸せ」まで、あと少しです。

6. セイケツ（整決）の活用法まとめ

セイケツ（整決）を経営の中で使う

セイケツ（整決）は技術です。答えがない中でも自ら進路を定めて行動するための技術です。

「答えがわからないから動きようがない」
「うまくいかないかもしれないので動きたくない」
「何をすればよいのかわからない」
「どうせ反対されるから動いても無駄」

行動を起こすことができずに仕事を詰まらせてしまう悪い習慣から抜け出し、常に望んだ結果にするための技術ともいえます。

仕事の**詰まり**の原因は無数に存在します。しかし、仕事の**詰まり**が解消しない原因は、たった1つ。それは「解決のための行動を起こさない」ことです。

仕事の**詰まり**に対して、最初から「こうすれば解決できる」という確実な答えは存在しません。

答えがわからないならば、「答えを探す行動」を起こせばよいのです。うまくいかないかもしれないなら、「うまくいくように試す行動」を起こせばよいのです。

何をすればよいのかわからないのなら、「判断するのに必要なデータ集めをする行動」を起こせばよいのです。

どうせ反対されるというのなら、「YESのもらい方を見直す行動」を起こせばいいのです。

このように、「いつでも」、「どこでも」、「何にでも」解決のためにできる行動は決められます。仕事の**詰まり**を解消するには、「解決のための行動を決めて、実際に行動する」だけ。

しかし、この極めてシンプルな行動が、なかなかできないものなのです。それは「方法を知らなかった」、「やったことがなかった」ことが原因です。

本書では、解決のための行動を**決める**方法、すなわち**セイケツ**（**整決**）を解説してきました。ここまでお読みいただいた方は、すでにその方法を知っています。あとは、やってみるだけです。

ここまで、時間の**セイケツ**（**整決**）、会議の**セイケツ**（**整決**）、経営目標の**セイケツ**（**整決**）、幸せをつくる**セイケツ**（**整決**）をお伝えしてきました。これらは活用方法のほんの一例にすぎません。**セイケツ**（**整決**）は「いつでも」、「どこでも」、「何にでも」、経営の中でのあらゆる場面で活用可能です。

上司やリーダーとして少しでも迷うことがあったら、すぐにペンと付せんを使って、「全出し」、「分類」、「再構築」を行ってみてください。時間はそれぞれ5分から10分。これを積み重ねていくうちに、周囲の状況に今とは違う変化が現れてくることでしょう。

「決める」までの作業が1種類だけのメリット

経営の中で**セイケツ（整決）**を「いつでも」、「どこでも」、「何にでも」、使っていこうという話をしました。それが可能なのは、**セイケツ（整決）**では、**決める**までの作業が1種類だけだからです。

そして、これには次に挙げる3つのメリットがあります。

メリット① いちいち考える必要がない

米アップルの共同創業者の1人であるスティーブ・ジョブズは、毎日着ていく服に悩む時間がもったいないので、1種類の服だけを何着も用意したというエピソードが有名です。

つまり、「今回はどうしようか」と都度立ち止まって考えるのは、時間の無駄。**セイケツ（整決）**では、「いつでも」、「どこでも」、「何にでも」、手順は同じです。いちいち考える必要がありません。

メリット② 人によって変わらない

セイケツ（整決）の手順を共有できれば、社内の誰であっても同じ手順で決められるようになります。これは、「人によって仕事の進め方が違う」、「上司によって合意形成の方法が違う」など、組織内の情報が混乱するのを防ぎます。

メリット③ 報告の方法も揃う

セイケツ（整決）では、決める手順や作業は共通しています。さらに、作業の結果が紙の上に残るので、それがそのまま議事録や報告書となり、次回に進捗確認をする際の資料として活用することができます。

つまり、議事録や会議資料を作成する手間が省けて、しかも社内で共通した様式で運用ができるのです。

経営の中でセイケツ（整決）を使うコツ

本章の最後に、経営の中で**セイケツ（整決）**を行う際のコツをお伝えします。本書をここまで読んでこられた人の中には、すぐにでもご自身のチームで試してみたいと思う方がいらっしゃるかもしれません。その際に、絶対に守っていただきたいコツが3つあります。

コツ① 誰にも気づかれずに始める

まずは誰にも話さずに1人で始めて、感触を試しながら、徐々に範囲を広げていくことです。

間違っても「今度から、この部署の会議のやり方を変えます」などと公言しないでください。公言すると、相手の行動が変わってしまうためです。

「実は、ここ数カ月間、試してみたんだ。これが結構面白くてさ……」などと話せるようになるまでは、1人もしくは2～3人で小さく活動を行い、周りに気づかれないところで事例を積み上げていってください。「これならいける」という感触が得られないうちは人には話さないことです。

コツ② 楽な作業で試す

「これならいける」という感触を得るためには、無理すること、過度に頑張ることは避けましょう。無理して、頑張って、うまく進めそうな感触を得ても、それは「頑張ればできる」事例です。それでは周りの人を巻き込むことができません。

第3章で紹介したレストラン店長Bさんの床清掃のケースを思い出してください。「たった10分でこんなに変わる」ことが伝わったからこそ、人を巻き込み、店舗全体に広がっていったのです。

「この時間だったら無理がない」、「これくらいなら負担がない」は、人を巻き込むときに重要な指標になります。先を急ぎたくなる気持ちはわかりますが、そうであればなおさらのこと、ゆっくり丁寧に進めることが、結果として最速の方法になるのです。

コツ③ 行動を決めることから試す

コツ①、コツ②を踏まえたうえで、「どうやって自分の組織で**セイケツ（整決）**を始めるか」をテーマに、**セイケツ（整決）**の手順どおり行動を決めてください。

やってみると、思うようにいかなかったり、しっくりこなかったりすることもあるでしょう。その感触の1つひとつが、人に伝える際のネタになります。

結果として決めた行動は、5分、10分という小さな単位でできるものが理想です。5分、10分という小さな単位でできる気楽な行動こそ、人に伝えずにはいられない「面白さ」や「驚き」などを生み出してくれるのです。

お伝えした3つのコツは、私自身の数々の失敗がデータとなって発見できたものです。「転ばぬ先の杖」として参考にしていただけたらうれしいです。また、あなたが失敗を重ねたとしても、そこから得られるものがあると意識してください。

第 5 章

詰まりの解消がもたらすもの

1. 自分に自信が持てる

ここまで、**セイケツ（整決）**によって仕事の**詰まり**を解消する方法をお伝えしてきました。仕事の**詰まり**が解消できると業務がスムーズに進むようになり、チームの業績が上がっていきます。

しかし、それだけではありません。**詰まり**がなくなることで、あなたの仕事に対するマインドや取り組み姿勢、あなたを取り巻く環境などが大きく変わってきます。

そこで本章では、仕事の**詰まり**を解消することで得られる5つのメリットについて考えていきましょう。５つのメリットとは、次のことです。

①自分に自信が持てる
②大切な人と信頼関係を築ける
③仕事で幸せを感じる環境が手に入る

④心の自由が得られる
⑤ポジティブな未来が実現する

まず1つ目に、自分に自信が持てるようになります。

自信の有無は、その人の幸福感、ストレス耐性、積極性、コミュニケーション、意欲、自己評価などの在り方に大きな影響を与えます。自信は、ないよりもある方が絶対によいものです。

ただし、あなたが上司やリーダーであるならば、自信を持てるようになるまでの道のりは、少々険しいと心得ておいた方がいいでしょう。

あなたは、ある日突然、マネジメント能力も心構えもできていないうちに、上司の役割を背負わせられませんでしたか？ そうした状況で上手にチームをコントロールすることを期待されても、そもそも無理があります。未熟で不完全な部分があるのは、当然のことです。

通常、自信をつけるのは、目標を達成したり、問題課題を解決したり、現状を乗り越えた事実によって実現可能です。ですから、よほど運がいい人でない限り、上司やリーダーとしてすぐに自信を持てるようにはなれないかもしれません。

しかし、**セイケツ（整決）**を活用することで、あなたは自信を持てるようになるでしょう。チームの**詰まり**を自分の力で解消し、乗り越える経験を積むことで、自然と自分に自信を持てるようになるのです。

完璧な上司やリーダーを目指す必要はまったくありません。メンバーに行動予定を案内したり、進捗の面談を行ったりと、小さな**詰まり**を解消する機会が1つ増えれば、自信が1つ積み重なります。この事実を体感できるだけで、行動を起こした自分に誇りを持てるようになっていくのです。

小さな自信を得ることで、ますます上司やリーダーとしての未来が明るく感じられるようになるでしょう。

2. 大切な人と信頼関係を築ける

大切な人との信頼関係は、最優先で最重要

仕事の**詰まり**を解消してもたらされる2つ目のメリットは、大切な人との信頼関係です。

信頼できる人たちと良好な関係を築くことは、幸福感を高め、仕事や生活の質を向上させる要因となります。特に、大切にしたい人と信頼関係を築けるならば、なおさらです。

例えば、リーダーとメンバーが互いに信頼し合えず、関係がぎくしゃくとしているならば、そこには必ず原因があります。お互いの間にある問題・課題を解決して**詰まり**を解消することは、仕事に限らず、どんな人とも良好な関係を構築するうえで大切なことです。

さらに言えば、**詰まり**を解消するために、お互いに決めたことを決めたとおりに実現させた回数が、信頼につながっていきます。

大切な人と信頼関係を築けることは、精神の健やかさ、心の安定、人間関係、そして幸福感に多くの影響をもたらします。仕事でいえば、安心して仕事に集中できる環境が整った状態です。

そう考えると、大切にしたい人との信頼関係の構築は、最優先で最重要のテーマかもしれません。

大切にしたい人を間違えてはいけない

ただし、気をつけていただきたいことがあります。それは、「大切にしたい人を間違えない」ということです。私たちは、しばしばこの落とし穴にはまってしまいがちなのです。

次に示す2つのポイントを踏まえて「全出し」、「分類」、「再構築」を行い、今後の行動を決めていきましょう。

①大切な人は誰なのか

人によって価値観はそれぞれ違うもの。そのため、ここで「大切な人」を定義することはできません。

しかし、自分にとって誰が大切で、どのように優先順位をつけて行動するかを**決める**ことは、その後の信頼関係の構築に大きく影響します。一度、これまでの手順を活用して、あなたにとって「大切な人」を**決める**ことをおすすめします。

「大切な人」を間違えると、信頼できる人々と良好な関係を築くことが難しくなります。ポイントは、「自分の人生の目的は何か」に照らして優先順位を**決める**ことです。

例えば私の場合、目的を「幸せな人生を送ること」と考えています。そのため、大切にしたい人は「妻」、「子ども」、「親」、「仕事仲間」、「取引先」、「お客様」、「友人」の順番です。

決して、これが正解ということではありません。私にとって、「好き嫌いで考える」や「損得」、「都度その場の状況で選択する」といった行動は、信頼を失墜させるもの。そうした行動をしないための予防ともいえます。

私の人生の目的「幸せな人生を送ること」に照らしたとき、「お客様」や「友人」を大切にするあまり、「妻」からの信頼を失っては本末転倒になってしまいます。だから、最も大切にしたい人、優先順位が1番高いのは妻、を肝に銘じて行動を**決める**ようにしているわけです。

仕事の場面では、「お客様」の優先順位をどうするかがポイントです。私の場合は「お客様」より「仕事仲間」を大切に考えています。つまり、お客様を優先するあまりに、メンバーの幸福度が犠牲になる状況は望まないということです。

ぜひ、あなたにとって大切な人、または、チームや組織にとって大切な人は誰なのかを、目的に照らして決めてみてください。

②大切な人への接し方

お客様に対しては絶対にNGである言動を、家族や仕事仲間にとることはありませんか？「親しい人間関係＝なんでも許し合える関係」だと思い込んでいませんか。

もし、そうした言動に心当たりがあるならば、相手との間に不信が生じることはあっても、信頼が築かれることは絶対にありません。親しければなんでも許されるというのは勝手な思い込みです。どんなに親しい間柄であっても、自分に対して失礼な言動をとる相手を信頼するような人はいないからです。

本来ならば、大切にしたい人には、それが伝わる対応をとらなければなりません。つまりそれは、相手に「自分はあなたのことを大切に考えている」、「ほかの人よりもあなたを優先する」と、わかってもらえるような接し方です。

それは、具体的には以下のような行動です。

- **関心を示す**

相手の話を注意深く聞きとり、共感を示し、質問をして、望んでいることなどに関心を深めます。

- **時間を優先する**

ほかの用事や、ほかの人との約束を調整してでも、相手との時間を優先します。例えば、忙しい中でも相手が必要とするときに会う時間をつくる、定期的に連絡をとるなどを欠かさないことです。

・サポートの意志を示す

相手が困難に直面しているときには助けを申し出るなど、具体的なサポートをします。

・感謝と謝罪の表現を欠かさない

相手からしてもらったことには、小さなことでも感謝を伝えます。また、相手に対して不快な思いをさせてしまったときは、必ず謝罪の意を言葉にします。どちらも欠かさないことです。

・尊重と配慮

相手の意見や選択を尊重し、意見の違いがあっても敬意を持って接します。

ます。

・情報の共有と秘密の保持

相手との間で共有した情報や秘密を大切に扱い、他人に絶対に漏らさないようにします。

これらの行動を通じて、相手に「あなたのことを大切に考えている」と「ほかの人よりもあなたを優先する」というメッセージを伝えることができます。

誰でも、大切なお客様に対しては当然のようにできていることでしょう。それなのに、本来はお客様と同じか、それ以上に近くて大切な相手といえる家族、友達、同僚、部下に対しては、こうした行動をとれていないのではないでしょうか。

「家族、友達、同僚、部下だから大丈夫。わかってくれる」と勝手に思い込み、甘えてはいけません。近くて大切な人間関係だからこそ丁寧に接していかないと、リーダーとして組織を機能させることはできないと肝に銘じましょう。

コミュニケーションのグランドルールを決める

「大切な人と信頼関係を築く」と言われても、ピンとこない人もいるでしょう。何をしたらよいのか、迷う人もいるかもしれません。

そんな方のために、ぜひ実践いただきたいことがあります。それは、コミュニケーションのグランドルールを**決める**ことです。

私は、支援先で必ず、「全出し」、「分類」、「再構築」に取り組む際のコミュニケーションのグランドルールとして、次の3点を意識してもらうようにしています。

①責めない
②良いところを言葉にする
③リアクションをする

信頼を築くために具体的に何をすればよいのかわからなくても、「グランドルールを守ってください」と言われたら、とるべき行動がわかります。つまり、グランドルールを守りながら、お互いに決めたことをそのとおりに実現できるようになると、大切な人と信頼関係が築かれていくという構造になっているのです。

ここで挙げた3つのグランドルールは1つの例ではありますが、①責めない、②良いところを言葉にする、③リアクションをする、を過小評価しないでください。これらがまったくできていない人は多いものです。

そして、この3つができていないことが原因で、リーダーとして上手にメンバーと意思疎通ができていない場面を、本当によく見かけます。

思い当たる人は、①責めない、②良いところを言葉にする、③リアクションをする、の3点を意識して、相手とコミュニケーションをとってみてください。特に男性はおろそかにしがちなので、要注意です。

3. 仕事で幸せを感じる環境が手に入る

環境を整え、メンテナンスする

仕事の**詰まり**を解消して得られる3つ目のメリットは、仕事で幸せを感じる環境が手に入ることです。

ここまで本書をお読みいただいた方であれば、自分にとって幸せを感じる環境とはどのようなものか、自分で導き出すことができると思います。そして、それを目的にして、自身の行動を決めていくこともできるはずです。

リーダーとして、自分に自信が持て、大切な人と信頼関係を築くことができれば、仕事で幸せを感じる環境は整っているといっていいでしょう。また、あなたがリーダーとしてメンバーの困難を分割して必要な行動を可視化し、その進捗を見守り、支援することで、メンバーも仕事で幸せを感じられるようになるでしょう。

何かあればすぐに**セイケツ（整決）**を実行することを習慣にすれば、チームのメンバーの仕事環境を整えることは、そう難しくはありません。

しかし実は、**セイケツ（整決）**には弱点があります。

それは、**セイケツ（整決）**を行っても、リーダーであるあなたの進捗をあなた自身で見守り、支援することはできないという点です。もちろん、自分で自分の進捗管理はできます。しかし、それで「幸せ」を感じるかというと、難しいと言わざるをえません。

では、この弱点をどのように克服すればよいのでしょうか。それは、ほかの人を頼るのです。

「自分で自分のことを俯瞰《ふかん》して見る」というのは、簡単なことではありません。職場に信頼できる上司がいれば、その上司に進捗を報告し、管理を任せましょう。

注意点として、進捗を報告した際にアドバイスをくれる人ではなく、ただ進捗を聞いてくれる人を選びましょう。ただ進捗状況を話すだけで構いません。それだけで、仕事の**詰まり**を解消する力になると実感できると思います。

もしあなたが経営者であれば、社外にそうした役割の人を見つけて、定期的に進捗を聞いてもらうのも1つの方法です。私も月に1回、決まった方に進捗を聞いてもらうようにしています。アドバイスをもらうことはありません。それが、仕事で幸せを感じる環境のメンテナンスになっています。

幸せに必要なのは大きな成果ではなく、小さな進捗

幸せに必要なのは、大きな成果ではありません。小さな進捗でよいのです。私たちはつい大きな成果を求めてしまいがちですが、そこから達成感を得ることはできても、幸せを得られるとは限りません。

むしろ、小さなことであっても一歩進んだことを感触として実感できれば、なんともいえない充実感や幸せが手に入ります。仕事で幸せを感じる環境は、意外と簡単に手に入れられるものなのです。

仕事の**詰まり**を解消していく中で、あなたもきっとこの感触に出合うはずです。そのときには、その幸せを思いっきり味わってください。その幸せをメンバーと共有することができれば、それがチームにポジティブな変化を引き起こすきっかけになるでしょう。

小さなことを積み重ねることで、いつの日か、信じられないような力を出せるようになっていきます。

これは、元プロ野球選手イチロー氏の有名な言葉です。あなたのチームにも、きっと同じことが起きるに違いありません。

4．心の自由が得られる

心の自由とは

仕事の**詰まり**を解消すると、4つ目のメリットである「心の自由」が得られます。

外部からプレッシャーを受けたり、心の中に失敗に対する恐怖心が芽生えたりすると、焦りや不安で頭がいっぱいになってしまい、何もできずに動けなくなる――そんな経験はありませんか。

「心が自由」とは、そのような焦りや不安にとらわれることなく、常に動き続けられる状態のことです。

仕事を続けていく以上、プレッシャーや不安はつきものです。しかし、焦りや不安を感じても、やるべき行動を決めて動き出せれば、一歩を踏み出した瞬間から焦りも不安も消えていきます。

行動に移すことの効果を知っていれば、焦りや不安がわき起こっても、その感情にとらわれず、冷静に対処することができます。そうしたことができるようになれば、心の自由は手に入れられるのです。

自由に動ける解放感を味わおう

詰まりの解消が思うようにできるようになったその先には、心の自由が待っています。

どんな悩み事も、大きな問題も、解決方法は同じです。決めて、行動するだけです。本書をお読みいただいた方は、もう**決める**ことができます。そして、どんな問題に対しても、解決に向けて行動できます。

悩みや問題が解決していなくても、行動すると、不思議なもので悩みや不安は次第に小さくなっていきます。そして、それに合わせて**詰まり**も解消していくのです。

動けば、何かしら進捗があるものです。進捗があれば、事態は変化します。これを繰り返すことにより、周囲の環境はどんどんあなたが望むものに近づいていきます。この仕組みを理解して、使いこなせるようになれば、心はどんどん自由になっていきます。

焦りや不安を乗りこなす解放感を味わってください。きっと、爽快ですよ。

5. ポジティブな未来が実現する

5つ目のメリットは、ポジティブな未来が実現することです。

あなたはどんな未来を望んでいますか。本書のゴールとして、あなたにとってポジティブに感じられる未来の姿を、**セイケツ（整決）**を使って明らかにしてみてください。

1日5分だけで構いません。5分でできる作業を積み重ねて、**セイケツ（整決）**を進めてみてください。

自分にとってのポジティブな未来がはっきりと見えたら、次に、その未来に向かって進もうとしたときに、何が**詰まり**になっているかを明らかにしましょう。

さらに、その**詰まり**の原因になっている「悩み」、「問題」、「課題」と、それらの順番に明確にし、解決するための行動の数々を決めましょう。

そして、解決する多面行動を並べ替えたり、入れ替えたりしながら、とりあえずスタートできる道筋を段取りしてください。段取りをしながら、「これなら、なんだかできそうな気がする」とか、「ちょっとワクワクしてきた」などと気持ちに変化が起きたら、しめたもの。あとは、やってみるだけです。

結果は、やってみなければわかりません。やってみてわかったことが、次に進むためのデータになります。データが集まれば、モヤモヤしていた進路もくっきりと見えるようになります。

そしてまた、段取りをして進みます。

あなたが思い描くポジティブな未来に到達できるかどうかは、まだわかりません。でも思い描く未来に向かって動き続けていれば、あなたの日常は、間違いなくポジティブになっていることでしょう。

「昨日より今日の方が良い。今日より明日の方がきっと良くなる」と思えるように、日々の環境をポジティブに整えていきましょう。自然と、ベクトルは前向きになります。そのベクトルが、あなたの思い描く未来にあなたを連れていってくれるのです。

リーダーとして、あなたがチームの不調を解消できるかできないかが、あなたやメンバーの未来を大きく左右します。あなたやメンバーの未来がポジティブになることを望むならば、不調の原因を正しく理解し、突き止め、解消する方法を使いこなす必要があります。

あとは、やってみるだけです。

繰り返しとなりますが、1日5分。たった5分で構わないので、この作業に使ってみてください。

あなたがポジティブな未来を実現できることを、心より願っております。

おわりに

「上司やリーダーは、楽しいくらいでちょうどいい」と思います。

世界18カ国・地域の主要都市の人々の働く実態や働く意識を調査した、パーソル総合研究所「グローバル就業実態・成長意識調査（2022年）」では、一般社員・従業員に「管理職」になりたいと思うかを尋ね、その結果を国ごとに比較しました。1位はインド（90・5％）、次いでベトナム（87・8％）、フィリピン（80・6％）と続き、最下位は日本（19・8％）でした。

管理職になりたくないのは、「責任が重すぎる」、「割に合わない」、「仕事・残業が増える」などが、その理由らしいのです。

先輩管理職が苦しむ姿を間近に見ていたら、やりたくないと思って当然ですよね。

本書でお伝えしたかったのは、スーパー人材でなくても、組織やチームを機能させることができる方法です。

それは、自分がスーパー人材ではなかったからです（笑）。

実際、一般社員から突然管理職にステップアップするのはハードルが高すぎます。

一般社員として目の前の仕事を一生懸命にこなしても、目の前の仕事の技術（スキル）が向上するだけ。リーダーとしての技術が向上するわけではありません。

目の前の仕事の成果を評価されて管理職に抜擢《ばってき》されたにもかかわらず、管理職として求められるのは、別の力。

上司やリーダーに求められる能力は、「コミュニケーション力」、「問題解決力」、「リーダーシップ力」、「部下の育成力」などといわれています。どれもが大変難しい技術です。経験も練習もしていないのに、自然に身についていると考えることの方が不思議でなりません。

これらの技術が全部身について初めて上司やリーダーとして機能するというのであれば、リーダー経験がない人にとってはハードルが高すぎです。

そういうところが何十年もなおざりにされたのが、日本的な組織の詰まりの原因といってもいいと思うのです。

今、私たちに必要なのは、きちんと機能する上司やリーダーになるための適切な高さの階段と、練習環境なのではないでしょうか。

毎日たった5分だけで構いません。環境づくりと練習に時間を使ってみてください。


本書を最後まで読んでいただいた今、あなたの仕事は順調にいきそうですか？

「業務の流れに滞りがなく、やりがいを感じる目的に向かって、やる気とワクワクを感じながら、身体も精神も健康でいる」――そんな仕事環境をつくれそうですか？

そうだったら、本当にうれしいです。


仕事の詰まりをすべて解消しなくても、目の前の課題を解決して一歩ずつ進む方法を使えれば、それだけで見える景色は変わります。

やりがいも、やる気も生まれます。身体も精神も健康な状態をきっと体感できるようになります。

解決できないと諦めると、自信やモチベーションがなくなってしまいます。逆に、たとえ小さな課題だとしても、解決さえできれば、未来は徐々に輝きに満ちてくるものです。

解決のための法則はいたってシンプル。「決めて動く」——それだけです。そのための決め方を本書でお伝えしてまいりました。あとは、実際にやるだけです。

上司やリーダーとして、自分の組織やチームがうまく機能していくことは本当に楽しいものです。自分からそれを仕掛けて、そのとおりに動いていくようになると、なおさら楽しくなります。

上司やリーダーは楽しいくらいでちょうどいいんです。そうやって喜々として仕事をしているあなたとその周囲の方々の未来を願ってやみません。

この本を読んでいただき、誠にありがとうございます。

最後に、本書の執筆をサポートしてくださった出版プロデューサーの倉林秀光さん、笑顔人生へのナビゲーターあさのぶ。さん、平素私を支援していただいているすべての方に心より感謝申し上げます。

著者略歴

飯塚 輝明（いいづか てるあき）

1969年群馬県前橋市生まれ。

同志社大学商学部卒業後、身内が経営する会社に入社。

5S環境整備活動に関わり始め、経営者としての課題に直面する中、この活動による改善を実感。

その経験を活かし、転職したコンサル会社にて200社以上の企業に5S環境整備活動のコンサルティングを提供。

2018年ShineBrightの設立に至る。

「働くすべての人が仕事で『幸せ』を感じられる筋道を『整える』」というビジョンのもと、自走型人材の育成と経営者が経営に集中できる環境作りをサポートしている。

企画協力：倉林秀光（おふぃすラポート）

1日5分のトレーニングで
“決められない病”から卒業する

〈検印廃止〉

著　者　飯塚 輝明
発行者　坂本 清隆
発行所　産業能率大学出版部
東京都世田谷区等々力 6-39-15　〒 158-8630
（電 話）03（6432）2356
（FAX）03（6432）2537
（URL）https://www.sannopub.co.jp/
（振替口座）00100-2-112912

2024 年 2 月 29 日　初版 1 刷発行

印刷・製本／セブン

（落丁・乱丁はお取り替えいたします）　ISBN 978-4-382-15843-6